大展好書　好書大展
品嘗好書　冠群可期

大展好書　好書大展
品嘗好書　冠群可期

老拳譜新編 22

陳氏世傳太極拳術
太極拳精義

陳子明 著

大展出版社有限公司

國家圖書館出版品預行編目資料

陳氏世傳太極拳術・太極拳精義／陳子明　著
——初版——臺北市，大展，2015［民104.01］
面；21公分——（老拳譜新編；22）
ISBN 978-986-346-053-4（平裝）
1.太極拳
528.972　　103022654

陳氏世傳太極拳術・太極拳精義

著　　者／陳　子　明
責任編輯／王　躍　平
校 點 者／王　勝　利
發 行 人／蔡　森　明
出 版 者／大展出版社有限公司
社　　址／台北市北投區（石牌）致遠一路2段12巷1號
電　　話／(02) 28236031・28236033・28233123
傳　　真／(02) 28272069
郵政劃撥／01669551
網　　址／www.dah-jaan.com.tw
E-mail／service@dah-jaan.com.tw
登 記 證／局版臺業字第2171號
承 印 者／傳興印刷有限公司
裝　　訂／承安裝訂有限公司
排 版 者／千兵企業有限公司
授 權 者／山西科學技術出版社
初版1刷／2015年（民104年）1月

定　價／250元

策劃人語

本叢書重新編排的目的，旨在供各界武術愛好者鑒賞、研習和參考，以達弘揚國術，保存國粹，俾後學者不失真傳而已。

原書大多為中華民國時期的刊本，作者皆為各武術學派的嫡系傳人。他們遵從前人苦心孤詣遺留之術，恐久而湮沒，故集數十年習武之心得，公之於世。叢書內容豐富，樹義精當，文字淺顯，解釋詳明，並且附有動作圖片，實乃學習者空前之佳本。

原書有一些塗抹之處，並不完全正確，恐為收藏者之筆墨。因為著墨甚深，不易恢復原狀，並且尚有部分參考價值，故暫存其舊。另有個別字，疑為錯誤，因存其真，未敢遽改。我們只對有些顯著的錯誤之處做了一些修改的工作；對缺少目錄和編排不當的部分原版本，我們根據內容進行了加工、調整，使其更具合理性和可讀性。有個別原始版本，由於出版時間較早，保存時間長，存在殘頁和短頁的現象，雖經多方努力，仍沒有辦法補全，所幸者，就全書的整體而言，其收藏、參考、學習價值並沒有受到太大的影響。希望有收藏完整者鼎力補全，以裨益當世和後學，使我中華優秀傳統文化傳承不息。

為了更加方便廣大武術愛好者對老拳譜叢書的研究和閱讀，我們對叢書做了一些改進，並根據現代人的閱讀習慣，嘗試著做了斷句，以便於對照閱讀。

由於我們水平有限，失誤和疏漏之處在所難免，敬請讀者予以諒解。

再版序言

太極拳是中華武苑中的一枝奇葩，源遠流長，博大精深。作為太極拳發源地陳家溝，自陳氏九世祖陳王廷（奏庭）創太極拳以來，陳家世代相傳，輩輩出高手，代代有名家。至陳氏十四世陳有本、陳長興時，太極拳得到了飛躍的發展。

陳有本在祖傳太極拳的基礎上創新、發展，再樹里程碑。他精研太極，悟得真傳，尤得驪珠。根據自己多年的習拳所得和實戰經驗，晚年將所傳老架太極拳中的一些動作做了改變，變發勁為蓄而待發，立身中正，連綿不斷，架勢仍和老架一樣寬大，但較之更加靈巧、緊湊、嚴謹和實用，成為現在流行的小架一路、二路（『小架由老架神明變化而來』，陳有本是小架創始人，陳長興是老架繼承者）。但數百年來陳家太極拳只在本門中口傳身授，直至十六世陳鑫、十七世陳子明師生二人不私家傳之秘，用十餘年的時間發憤著書，以闡發陳氏世傳太極拳之理，才使相關著述行見於世。陳鑫所著《陳氏太極圖說》和陳子明所著《陳氏世傳太極拳術》、《太極拳精義》（三本書實為姊妹篇）的出版面世，在理論上將太極拳提高到一個嶄新的高度，至今對太極拳的正確發展仍有指導意義。

悠遠的歷史、完整的套路、精奧的理論使古樸的陳氏太極拳顯赫武林，成為最負盛名的太極拳。

目前，各個流派的太極拳（楊、武、吳、孫……）均直接或間接來自陳氏太極拳。太極拳的發祥地是河南溫縣陳家溝，陳王廷是太極拳的創始人。這就是歷史，這就是無爭的史實。

陳公子明于一九三一年在上海出版了《陳氏世傳太極拳術》。它是陳家溝陳氏太極拳公之於世的第一本書。書中闡明了太極拳的淵源、原理、練法、功法，等等。《陳氏世傳太極拳術》、《太極拳精義》把太極拳的精奥闡述得十分清楚，對太極拳愛好者而言，實為登天之梯，渡海之舟。

《陳氏世傳太極拳術》、《太極拳精義》從初版到現在，一晃已七十多年了，雖說現在太極拳類的圖書種類豐富，但很多人還是希望能看到真正太極拳傳人寫的理論及其拳照。

近來，有很多太極拳愛好者來函來電，希望得到此書。我們感到作為陳公子明的後人和再傳弟子，對此書的再版面世有著不可推卸的責任和義務。

在對兩本書做修訂時，新增補陳子明傳、蔣發傳、太極拳流派發展衍變圖、陳有本太極拳承傳表、陳長興太極拳承傳表及若干張照片。由山西科學技術出版社再版此書（台灣大展出版社出版繁體字版），將《陳氏世傳太極拳術》、《太極拳精義》兩本書合二為一，以饗讀者。

最後，對為本書的再版提供幫助的各界朋友和同仁表示衷心的感謝。

王　曄

從左至右，前排：鄭福祥（陳玉琦女婿）、王金亮、陳春生（陳玉琦長子）
中間：潘偉、趙雁軍、陳立清（陳子明族孫女）、王勝利
後排：職寶貴、周有資、陳玉璋（陳子明孫）、苗玉陣
注：陳子明研究會部分領導成員和陳立清大師、陳玉璋大師在一起。

從左至右：陳東山（陳鑫後人）、原福全（原溫縣體育局局長）、
張蔚珍（陳家溝村支書）、王勝利（陳子明研究會會長）

這是二〇〇五年六月陳子明後代和再傳弟子、為陳子明大師在陳家溝立的紀念碑

1978年陳子明孫陳玉琦創辦太極拳輔導站傳授太極，這是第六期少年班，中間慈祥老人為陳玉琦先生。

陳玉琦，字堂，陳家溝陳氏十九世傳人。從五歲起就隨爺爺陳子明學太極拳小架，其功夫純厚，拳理精通，為太級拳小架第十代傳人，是陳子明太極拳的繼承者和發展者。

陳公玉璋，字尚（生於1929年12月26日），係太極拳鼻祖陳王廷嫡系後人，是陳氏太極拳第十代傳人。公自幼隨祖父子明公習武，是陳子明太極拳系的繼承者。

陳公玉璋在指導弟子們習武

西安陳子明研究會部分會員合影

陳子明傳

陳公子明字洞，河南溫縣陳家溝陳氏十七世人。係太極拳鼻祖陳王廷嫡宗第八世孫。太極名師陳復元之次子。生於一八七八年，卒於一九五一年，享年七十三歲，公乃陳氏太極第九代傳人。

公從小秉承家學，隨父復元公、叔貫元公習拳練武，年方十歲便跟著名太極拳理論家陳鑫（字品三）學文習武。陳鑫係英義公陳仲甡之子，文武兼備，拳理精奧，武功卓絕。時值壯年，無一子嗣，對孩童十分喜愛。子明公天資聰慧，學文下功，習拳刻苦。族叔陳鑫對其更是喜愛有加，每每單獨輔導之。公遇名師，如魚得水，受益匪淺，數年間便打下了深厚的文學基礎，並對拳術、器械精髓理解頗深。在家父、叔父和恩師的精心傳授培育下，公拳藝精湛，武功純厚，且深得太極真諦，二十餘歲就已臻化境，漸露頭角成為陳家溝不可多得的文武全才。

二十世紀二十年代初，公在沁陽創辦太極拳社傳授武藝，從此和武術結下了不解之緣，一生從事太極拳的研究和傳授。一九二七年公與李霽青等人在懷慶府創辦中州粹武會，一九二八年上海黃金榮、江子誠（其父曾任懷慶知府，對陳家溝太極早有所聞，羨慕已久）等人創辦上海太極拳社，聘公前往滬上傳授家傳太極拳。公所傳太極拳講究陰陽開合、虛實分明、剛柔相濟、快慢相間，處處走弧形、走螺旋，儒雅瀟灑，收蓄兼併，融健身與技擊於一體。這種太極拳有別於當時流行的楊派、吳派、郝派、孫派各式太極拳，讓世人大開眼界。知是陳家溝太極拳的本來面目，於是陳氏太極受到人們的倍加關注、倍加喜愛，對武術聖地陳家溝愈加嚮往，愈加崇仰。在上海，公武功精湛，拳法獨到，與人搭手過招，招式變化莫測，出神入化；與人交手，從無敗北；與人交談，皆顯大家風度，很快在上海灘名噪一時。

翌年春，南京中央國術館教務長朱國福來滬遇公，深為公之言談舉止、身手功夫所敬佩，與館長張之江相商後聘公為南京國術館武藝教官（南京國術館係國民政府直屬，是人才薈萃、英雄雲集之所在，武藝教官均由各省選取推薦而來，均為各門派的頂尖高手）。時公居南京，陳發科公在北京，傳劍南公（振嵩，陳延熙的得意高徒）在廣州，向外傳授太極拳，很快使陳氏太極顯赫武林，盛極一時。

公「教拳不遺餘力」、「循循善誘」、「生眾獲益匪淺」、「學者日眾」。授拳之餘公集前輩習拳之經驗，融自己練武之心得，捉筆為文，發憤著書，花數十年之心血，先後寫出了《陳氏世傳太極拳術》、《太極拳精義》、《太極拳拳械》三部著作。尤其是一九三一年《陳氏世傳太極拳術》的出版發行，這是陳家溝陳氏不私其家傳之秘，闡發世代相傳太極拳理刊行面世的第一部著作。當時轟動武壇，深受武林同道的贊許。南京中央國術館館長張之江、教務長朱國福、河南武術館副館長劉丕顯、武術名家曾虞民、姜容樵等人紛紛給該書作序，贊其「抱負絕學而不倦於教誨」，「立言不流於誇誕」，「不私其家傳之秘」；書之全文「動作不悖拳理，姿勢合乎力學，體天地之陰陽養浩然之元氣，具科學之萬有得哲學之奧妙，更兼攝影、掛圖，凡關於太極拳術者無不搜羅殆遍，使讀者一目了然」。本書的出版發行對太極拳的傳播推廣起到了重要的作用。

清末民初，武術界有一種怪現象：一些人以狹隘的門戶偏見不惜攀仙附道故弄玄虛：「你捧佛，我就捧道」，「你尊達摩，我就尊三豐」，「你是崑崙派，我就是雪山派」，這種生編亂造，無中生有「祖師爺越老越好，越古越好」的假託，一時間搞得雲遮霧罩、迷霧重重。這些毫無史實根據的「起源說」嚴重地影響著武術的健康發展。

為了弄清太極拳的來龍去脈，正本清源，南京國術館武術家、武術史家唐范生（唐豪）先生邀公一道去河南進行實地調查。他們三下陳家溝翻族譜、查家譜、看碑文、尋遺跡、閱縣誌、覽中州文選、走訪遺老，在掌握了大量史實資料的基礎上，經反覆考證終於得出結論：陳氏太極拳是各流派太極拳之源，陳家溝就是太極拳發源地，陳王廷就是太極拳創始人。在此期間，公為恩師陳鑫的《陳氏太極拳圖說》的出版多方奔走，竭盡全力，終使這一經典武術巨著刊行面世。

抗日戰爭爆發，公又經人推薦到陝西西北師範學院（陝西師範大學前身）擔任武術教授，並擔任部隊武術教官。公為抗日將士訓練擒拿格鬥術、拼殺術。在此期間公寫出了《 太極拳精義 》一書作為教學用書，用於指導師生、指導將士進行操練、演習。

公一生是在太極拳的推廣和研究中渡過的，為弘揚太極，宣傳陳家溝，公含辛茹苦、嘔心瀝血數十年，將畢生獻給了太極拳，一九五一年公因病逝世於漢中東門河南會館，享年七十有三。

公不愧為陳氏十七世傑出代表，第九代太極傳人，是陳氏太極（小架）承前啟後的一代宗師。公這種鍥而不捨、誨人不倦、勇於探索、勇於求真的精神深受後人敬重，永遠激勵著太極拳愛好者奮發向上、不斷前進！

陳子明太極拳研究會

名譽會長 陳玉章
會　　長 王勝利
副 會 長 職寶貴

蔣發傳

蔣發生於明萬曆二十二年，卒於清康熙十三年（西元一五九四～一六七四），河南禹州人，武藝高強，健步如飛。原為明末登封農民起義首領李際遇的部將（李際遇，原登封守備，陳王廷好友，占少林寺後玉帶山舉兵起事）。李際遇兵敗被誅，蔣發流落江湖，受盡顛簸，輾轉來到陳家溝，投奔陳王廷。陳王廷與蔣發名為主僕，而實為好友。

明亡後，陳王廷身為明朝遺老，見異族入主中原，曾想復興明室，後見大廈已傾，獨術難支，遂隱居造拳。陳王廷晚年創太極拳，蔣發成了陳王廷的好搭檔，與其一起研習、探討、切磋太極拳套路，共創雙人推手、雙人沾槍，是陳王廷創太極拳的好幫手。

蔣發孑然一身，晚年深感孤獨。陳王廷見其鬱悶不樂，故晚年請人畫像時，讓蔣發持刀立其身後，並召集家人說：「對蔣發，你等要好生待之。吾在，你們需善待之；吾若不在，你們更需善待之。見此像就如我在一樣。」

蔣發亡後，族人向陳王廷建議：陳家溝村西北小五叉口「楊海窪」地方荒僻，常有鬼魅出沒害人。蔣把式生性剛烈、正直，請葬於此，以鎮鬼魅。陳王廷採納眾議，遂葬蔣發於小五叉口，並樹墓碑以作紀念，村人呼之為「蔣把式墓」。

【注】陳王廷與蔣發的畫像一直供奉於陳氏祠堂，二十世紀七十年代後下落不明。民國二十一年陳子明出版的《陳氏世傳太極拳術》所附畫像照片和國際太極拳副秘書長陳慶州精心保存的二十世紀六十年代所攝原像照片，以及陳玉琦家的臨摹畫像均為此像存在的有力佐證。現在社會上流傳的各種畫像，是後人依照原畫像再創作而成。

太極正宗

陳氏世傳太極拳術目錄

太極拳要義二

·中段四、五、六、七節

•後段九、十、十一、十二、十三節

張序

余提倡國術有年矣。士之抱其所學以來歸者，余敬禮其人，未敢稍衰，獨於門戶宗派之說辭而闢之不遺餘力。蓋國術之幽棲於深山窮谷而不得早與世人相見者，皆此門戶宗派之一念，以自蹙其生。故余整理國術以打破門戶宗派為始基。唯其淵源所從出，則不能不搜索探討，與古人揖讓於千數百年以前，而後始能識其變遷蛻仕之跡，從而融會貫通之，亦非難事矣。今之太極拳派別歧出，大河以北尤盛稱楊氏，而不知楊氏之拳實淵源於中州溫縣陳氏，特變換其姿勢耳。

今陳氏後裔子明同志以其所藏《陳氏世傳太極拳術》一書相示，余從事流覽乃歎一藝之成使世人欣賞而寶用之者，僅其藝之形跡與輪廓耳，若其精意之所存、神明之所寄非深造而有得者不能知也。學太極拳者能得其動靜開合、起落旋轉諸法，已為人所難能，而陳氏書中獨於理、氣、意、志諸學說長言之不足又申言之，豈不以一藝之微苟離乎道不能立也！陳氏又懼世人震驚其學說為不可幾及，或將踟躕顧慮以自廢於半途，乃又詔之曰：學而能思，思而能恒，則終必有成。

嗚呼！此其所言又豈今之自私自秘者所能與語哉！夫孔子之所以成為聖，其得力即在學而不厭思，即致知格物之理而天地之所以無所不包、無所不載，亦恒而已矣！能明乎此，雖謂為已聞聖賢之道，亦豈不可與今之自矜門戶宗派者蓋不可同日語矣。余於陳氏之書，既識其淵源所出，而又重其言之合於大道，故樂為之序以歸之。

中華民國二十一年五月　日　鹽山張之江

曾序

吾國武術流行於社會者，太極拳尤為世所稱道。近年來國人皆知孱弱不振之恥，於是競以肄習技擊為風尚。顧真傳既不易得有之，而知者復鮮，同人等留心此道不憚研尋。考太極拳所由來，始於河南懷慶府溫縣陳溝村，陳氏親授諸門人，流傳漸遠。斯拳為陳奏庭先生所發明，代有聞人，如陳敬柏、陳繼夏、陳丹書、陳仲甡、陳季甡、陳清萍、陳耕雲、陳淼、陳復元、陳垚、陳鑫、陳延熙諸先生皆著稱於世為人所共知，可謂盛矣。奏庭先生既以太極傳世後人，祖述至今無替。其裔孫子明先生尤長此道，向在河南懷慶等處成立國術團體，熱心提倡，從學者日多。近為江君子誠、黃君金榮發起組織太極拳學社，專聘陳君為教授。同人過從，既稔知子明先生抱負絕學而不倦於教誨。

今陳先生復不私其家傳之秘，特將太極拳大要架勢名義詳加解釋，編印成冊，俾未習者可以窺見門徑，已習者更可循序精進，凡有志於斯者不可不及時請益。子明先生樂育為心，有問必答，無不詳加指導，聞者豁然。誠今日難遇之機會，故不辭覶縷敘其源流，以告我同志。陳君家藏奏庭先生自贊遺像一幀，圖中坐者即奏庭先生，為陳子明先生之九世祖。又一人執刀旁立者，則蔣發焉。

中華民國十九年四月十二日　曾虞民

黃序

太極拳風行南北盛極一時，其方法在沾連黏隨，其要旨在以圓圈攻人亦以圓圈避人；功淺者圈大而力緩，功深者圈小而力速。寥寥數語易學而難精，非竭數十年之精力不能窺見堂奧也。

其源流據名師楊君澄甫云：乃祖露禪先生學自河南溫縣陳家溝。今閱此書知在陳氏家傳已久，想當年傳之楊氏者，殆即陳氏先祖歟。陳君子明秉家學淵源，近受海上黃、江諸君之聘，設帳滬瀆好學諸子日夕請益，並請將拳譜刊行於世。學此拳者必以先睹為快，他日紙貴洛陽定可預卜。今將付梓，聊附數語以志涯略。

中華民國二十年春三月七日虎林　黃元秀

李序

青幼聞長者云：咸豐三年洪楊犯懷，途經溫邑陳溝。有號大頭王者率眾與陳氏昆仲戰，旋即潰敗，王遂為陳氏所殺，遂解懷慶之難。青每聞此談，輒欽羨陳氏昆季之豪。民十六有張文潤者肄業培元中校，介紹國術教員陳氏後裔子明先生至舍談甚洽。其惡國術界門戶之見、派別之分、神秘而不肯公開也，殆與青同十七年乃邀同志組織中州粹武會。陳君循循善誘，生眾獲益匪淺。十八年冬，駐軍占會址，陳君乃至滬行教，特編《陳氏太極拳術》一書，並將太極拳之創始者奏庭先生遺像刊印書端，又邀唐範生先生親抵陳溝查閱族譜、碑記、遺跡，更繪明初學入門手、眼、身、法，俾有志斯學者由淺入深得覓真實途徑，不致有所貽誤。青喜其肯以國術公於世也，爰為之序。

中華民國二十一年二月　李霽青敘于覃懷中州粹武會

劉序

余曩與李霽青及子明創中州粹武學會於懷慶，倡導武術，獨開風氣之先，然以環境關係，辦理煞費精神，而子明始終不懈尤足多焉。民十九滬上江君子誠聘子明至滬行教。江君尊人嘗官懷慶府太守，知時行之太極拳已失陳溝面目，不遠千里而為其子弟擇師，蓋亦抱取法乎上之意耳。子明居滬兩載，推行斯術不遺餘力，可謂不負家學。今春，忽偕吳人唐範生先生同至陳溝，考研其先人所創太極拳源流，道經汴梁相與來訪，舊知新雨歡然道慕。子明出示所著《陳氏世傳太極拳術》初稿，索余一言，兼述返鄉之意。余喟然曰：今人朝脫一稿夕成一編，儼然自許為名山事業，子乃不憚其煩如斯，可謂契於道者矣。取其稿讀之，覺其立言不流於誇誕，求之今日不可謂非傳世之作也。因書數言以歸之。

中華民國二十一年一月二十日　劉丕顯序於河南省國術館

朱序

國福嘗謂派別之分乃形態上的傾向，門戶之見乃思想上的退化，故技術之分派不足為害，門戶之私見庶足阻武術之進步也。國福雖專於形意，然於各家之長每虛心融會，以求補吾所短。

今春遇陳君於滬，見其太極拳術有異乎時尚，詢其出處，方知陳溝世傳。因與探討比研，獲益良多，歸語於子薑館長，延致來京，使館中同人又可多一新知，以為攻錯之助。最近陳君將以其著述問世，丐序於國福，國福不文，乃書所感以應之。

中華民國二十一年四月五日　朱國福序於首都中央國術館教務處

岑序

今之習太極拳者莫不遠宗河南陳氏，雖楊吳兩家變化不同，然其意可通也。陳君子明來自陳家溝，秉承家學，卓然有以自立，乃追求世德撰為是編，說理詳明，圖解清晰。蓋所以紹前修而興絕學者，其有功於國術不其偉歟！

中華民國二十一年一月一日　西林岑德彰序

姜序

竊以強國之道端賴強民，強民之方還資武術。處今日科學競勝時代，世界文明日新月異，格致萬物變化神奇，採海岳之菁華，洩天地之玄秘，絕跡飛行瞬息千里。

我國人士夔夔焉，欣欣焉，及時思興罔，不競尚技巧欲有所為焉？雖然苟無聰穎之智能，勇邁之體魄，欲求國強民盛則戛戛乎其難矣，此國術之所以亟待提倡者也。

嘗考吾國拳技，亙數千年綿綿不斷，歷代文人墨客、理學名儒動輒佩劍自隨，古之學校有行鄉射之禮，蓋將射以觀德，且所以崇武備習體育也。故尼父六藝列入射、御、禮，於未成童者誦詩舞勺，成童舞象，繼後舞劍，文武兼備所從來久矣。

邇者世風頹微，禮教衰落，民族日益柔弱，道德日益淪喪，全民族幾呈奄奄不振之勢，以貽病夫之羞。今當列強虎視於外，帝國主義者侵略於內（指淞滬東三省之役），天災人禍，遍地萑苻。我民族再不矍然憬悟，臥薪嚐膽，力自振作，勢必受天演淘汰，更何大同平等之可言？此更普及國術刻不容緩者也。

普及全民之法，不外創設專館，搜求人才。然欲使之通國普遍，則非宣傳之力不為功。宣傳，則國術書籍尚矣！顧國術書籍豈易言哉？雖近年來坊間國術著作如雨後春筍應運而生，然求一理法兼備者則又鳳毛麟角。有之則為今日習一技，明日著之於書；或拳師攝影，文士撰說，方枘圓鑿如風馬牛，各不相及，則其書之價值有若於無，可勝歎哉！

吾友陳君子明係出河南，祖籍陳家溝，精太極拳術，耗數年之心血著有河南《陳氏世傳太極拳術》一書，於月前勻余校對並索序焉。余以兩星期之時間細讀一遍，不禁拍案驚奇，緣太極拳術實通乎道，非尋常拳技可比，苟不得個中三昧，烏能道其要竅？

按，斯術近世所傳約分三派：一河南陳氏太極是為嫡系；二郝為真傳與孫祿堂者，名為開合太極，郝氏得之武禹襄，武亦陳氏所授；三楊露禪所治之太極，亦為陳氏名長興者所傳，露禪傳其子班侯、健侯等，迄今盛行於南北。

是三者實出於陳氏一源，唯進化改善各有不同耳。相傳斯術創始於宋之丹士張三豐，號為武當，又名內家，學者不察，人云亦云，皆崇三豐為祖師。今閱陳氏家譜暨其遠祖之列傳，似覺三豐之說未盡善妥。

蓋陳氏自朱明萬曆間迄民國止，代有傳人，觀其家譜中，凡知技者皆有「拳手」、最高「拳術神手」之注解，家傳中丱角髫齡白髮耄耋者亦各有搏虎吞狼之評語。其始創拳術者名陳王廷，字奏庭，生於明末，歿於康熙。其傳記有「威震山東，掃蕩群寇」，「拳手、刀槍創始之人也」之字樣。又讀王廷自詠律詩二首，亦有「暇時造拳」之句。由斯判斷，陳氏之太極確為陳氏之遠祖名王廷者所發明，殆無疑義。唯是否陳王廷之上還有知技者，或王廷初始得自他人傳授神化而改進之，則無從稽考矣。

余既有此懷疑，乃決心從事於研討，數月以來稍窺途徑。見陳君教人之法亦分四段步驟、四層功夫，與形意拳四層道理中之練穀化精、練精化氣、練氣化神、練神還虛，則又相互吻合。

再讀斯書之全文，如秘訣要義，身、心、理、氣、意、志、情、景、神、化、著、學、思、恒、夬十五字訣，開合陰陽、運化轉關、虛實變化、掤擫擠按，其理與法詮釋詳盡。動作不背拳理，姿勢合乎力學，體天地之陰陽，養浩然之元氣，具科學之萬有，得哲理之奧妙，其大無外，其小無內；其他攝影、插圖，凡關於太極拳術者無不搜羅殆遍，使讀者一目了然。余知斯書一出，不獨為經世者所必學，即超世派亦當借為梯航也，是為序。

中華民國二十一年六月八日　滄州姜容樵序于白下

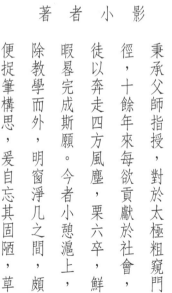

自序

著者小影

自吾九世祖奏庭公創太極拳術，下逮子明已及八世，其間名手輩出，遺緒勿墜，不特陳氏一族世守其術，即他姓問技以去者亦俱能發揚光大，使斯技見重於社會。子明秉承父師指授，對於太極粗窺門徑，十餘年來每欲貢獻於社會，徒以奔走四方風塵，栗六卒，鮮暇晷完成斯願。今者小憩滬上，除教學而外，明窗淨几之間，頗便捉筆構思，爰自忘其固陋，草成《陳氏世傳太極拳術》一書。書名陳氏且標世傳者，非欲自炫，亦猶程沖斗之《少林棍法闡宗》必明所自出，子明之得此，實食惠於先人而已。

按陳溝太極有新老架之分，新架係由老架神明變化而來，法均以柔為主，斯作即係紹述新架，將來倘有餘暇，當更取老架編成一冊，俾世之學者知新舊遞嬗之跡暨其異同之點，而後曉然於太極衍變之所由，則子明不但可以略慰先人用心之苦，亦可稍盡提倡太極拳之責矣，是為序。

中華民國二十一年三月三日　陳子明

例言

一、本書名為《陳氏世傳太極拳術》者，蓋示不忘先人之意，唯子明不過粗諳門徑，略得皮毛，內容簡陋知所不免，讀者諒之。

二、陳氏太極世知其名，然廬山面目猶未一現。子明著書介紹非欲自炫門戶，只為交換智識而已。

三、本書專為初學入門而作，故說明力求通俗。

四、本書說明動作分為初步、連貫兩項。初步動作係將前後兩姿勢間相承之動作依其先後逐一說明，務使讀者一目了然。又恐因此失去太極練法貴乎連綿之意，故附以連貫動作借資補充，學者依此久練自能有成。

五、關於姿勢上應注意之點亦加以說明，庶學者不致陷於錯誤，而知正確之所在。

六、習太極拳之程式宜由淺入深，自能熟極生巧。最忌求速趨歧，求速則躐等，反致一著無成。趨歧則神離，至多得其形貌。教者、學者均須慎之。

七、拳名太極，即取象於易，練成時方能領悟其妙，隨身所動不逾規矩。若初學即著著沾煞，牽強附會，必致泥滯，反阻進步。但能循規蹈矩，久久練去自入神化，故本書所列架勢只從姿勢與動作上指點功夫，絕不強牽玄理。非捨太極而言拳術，乃以拳術逐漸練合太極也。

八、學習太極拳，無論初學久練，總不外乎動靜開合、起落旋轉諸法。初學必須分別清楚，久練至於成熟則隨時可以變化，至周身渾圓一氣乃為深造佳境。

九、本書所列拳式不過示以初步規矩，其中進步變化須隨時察看學者之程度，加以口授指點。

陳氏太極拳家列傳

坐者陳王廷像、立者蔣發像

陳王廷傳

陳王廷，字奏庭，崇禎康熙間人。明末天災人禍相繼而起，地方官又罔恤民困，苛徵暴斂，無所不至。登封民無力納糧，官逼之，遂揭竿起事，以武舉李際遇為首。公與際遇善，往止之，力勸不聽，但約不犯溫境。滿清定鼎，際遇事敗族誅，有蔣姓者僕於公。一日，公命備馬出獵於黃河灘。有一兔起奔，蔣追未及百步獲之。公憶及際遇有一部將，能健步如飛，馬不能及。詢蔣，果即其人。公所遺畫像執大刀侍立其側者即是，或云即是蔣發。公文事武備皆卓越於時，創太極拳，遺長短句一首，可略窺公之生平。其詞云：「歎當年，披堅執銳，掃蕩群氛，幾次顛險，蒙恩賜枉徒然；到而今，年老殘喘，只落得黃庭一卷隨身伴。悶來時造拳，忙來時耕田。趁余閒，教下些弟子兒孫成龍成虎任方便。欠官糧早完，要私債即還，驕諂勿用，忍讓為先。人人道我憨，人人道我顛，常洗耳，不彈冠，笑煞那萬戶諸侯，兢兢業業不如俺。心中常舒泰，名利總不貪。參透機關，識破邯鄲。陶情於漁水，盤桓乎山川。成也無干，敗也無干。誰是神仙？我是神仙。

陳敬柏傳

陳敬柏，字長青，乾隆間人。從巡撫某於魯，山東名手皆藝不及公，因號公為蓋山東，言其藝之高也。晚年，歸隱鄉里。一日赴東關泰山廟，有賣解者鬻技廣場，恃其藝高，出言不遜。公誚之。賣解者欺其老，遽起與鬥。公俟其近，奮威一擊，嘔血踣地而死。時公適病後，一擊之後亦不能支，坐場旁石上力脫而死。

陳繼夏傳

陳繼夏，字炳南，乾隆末人，精太極拳。每磨始以兩手推之，以次遞減，減至一指則奔而推之，即一磨亦不間功。公善丹青，趙堡鎮關帝廟等處壁畫悉出公手，俱能傳神入妙。

一日在村西繪古聖寺佛像，有人自後按公兩肩。公閃跌其人於前，問其姓名，乃河南萇某。萇乃藝中著名者，聞陳溝拳著稱於時，因來訪。睹公畫像戲試之，不圖公固長於太極者也，遂嘆服而去。公善用肘，與陳敬柏之靠齊名。

陳耀兆傳

陳耀兆，字有光。性癖太極拳，當時武士皆沐其教，然精妙未有出其右者。生於乾隆，卒於道光，壽八十。

陳秉壬秉旺秉奇合傳

三人均好太極拳，互相琢磨，皆藝精入神，人稱三雄。

陳有恆有本合傳

陳有恆，字德基，道光初入庠。於太極拳極有揣摩。壯歲溺於洞庭湖。弟有本，字道生，三十六入庠。造太極拳得驪珠，子侄之藝皆其所就，其謙沖風度常如有所不及，當時精太極拳者皆出其門。

陳仲甡傳

陳仲甡，字宜簏，號石廠，有恆公次子。與弟季甡同乳而生，面貌酷似，鄰里不能辨。稍長，猿背虎項，魁偉異於常兒。甫三歲即令習武，十餘齡時從祖母往趙堡趕會，有擔水者水濺公衣，理論不服，公一擊倒之，旁觀者皆為歡異。及長，與弟季甡同入武庠。咸豐三年，洪楊軍延及豫省，林鳳翔、李開芳、李文元等率眾由鞏縣站得舟渡河直犯溫境，所過殘殺。公率族眾抗之。洪楊驍將楊奉清，號大頭王，掩襲名都大城所向無敵，嘗腋挾銅炮縱過武昌女牆，轟守者破其城，軍中素目為飛將軍。時為先鋒，公與戰於村中老君堂左，以鐵槍挑於馬下，村人乘勢取其首級，洪楊軍皆驚潰。比及李棠階援師來助，洪楊軍已竄柳林矣。林鳳翔、李開芳知公勇，欲收之。一日五鼓突發，大兵入陳溝圍公宅，眾以殺其驍將皆恐懼不敢入室。公故作從容徐步而出，雄威遠射，旁若無人，所向退避。蓋林李皆未來，又震於公威，咸不敢加害。迨林李至，公已飄然遠舉矣。公處重圍逍遙脫險，即在當時亦不知何由而然也。

嗣鳳翔移圍覃懷五旬不下，潛從太行山後遁。自後於村中授徒，履常滿戶。咸豐六年，捻黨圍亳州之役，七年菜園之役，八年張羅行犯汜水之役，九年克復蒙城之役，十一年長槍會李占標犯武陟木欒店之役，同治六年小閻王張總愚由絳犯懷之役，公皆建殊功。同治十年，以疾卒河朔書院。山長劉毓楠，私諡之為英義。

陳季甡傳

陳季甡，字倣隨，號霞村。與兄同乳而生，面貌酷似，鄰里不能辨。父有恆中年溺於洞庭湖，因從其叔有本習藝，技臻神化，與其兄仲甡稱二傑焉。咸豐八年應欽差督辦三省剿匪，事務太僕寺正堂袁甲三之徵，於克復六安州一役，搴旗斬將，建立殊功，保舉為守備。生於嘉慶十四年，卒於同治四年。

陳長興傳

陳長興，陳氏十四世孫。據家譜所載，其技出自其父秉旺所傳，世謂蔣發傳長興者實誤，蓋蔣為九世祖奏庭公同時人也。得長興親傳者子耕雲而外，以陳懷遠、陳華梅、楊福魁為最。

陳清萍傳

陳清萍，為陳有本得意門徒，得太極拳理，趙堡鎮一系皆其所傳。廣平武禹襄初學於楊福魁，然精微所在秘不以傳，因往趙堡請益於清萍。其名之盛如是。弟子中以李景延為最。

陳耕雲傳

耕雲，陳長興子，家傳太極。與陳仲甡、陳季甡等同擊洪楊，惜其戰績今已無人能道矣。子延年、延熙能繼其業。

陳三德傳

陳三德，有本門人也。習太極拳有得，槍、刀亦熟練。于馨蘭箕裘弗墜。

陳衡山傳

陳衡山，字鎮南，精太極拳。咸豐三年，與陳仲甡等擊洪楊，每戰輒身居前，敵極勇武。後以教徒終。

陳鵬傳

陳鵬，字萬里，嘉慶初名醫也。家貧，介以自持，天懷坦白，於太極拳通神入妙，人皆莫測其端倪。

陳華梅傳

陳華梅，字鶴齋，從學於長興，功夫頗純，其技亦能縱橫一時。子五典、五常能繼其業。

陳廷楝陳奉章傳

皆陳有本門弟子。廷楝於拳外善春秋刀。

陳有綸傳

陳有本弟子，後從學於陳仲甡。咸豐三年洪楊軍侵陳溝，從仲甡擊之。李景延、張大紅皆及其門。

陳垚傳

陳垚，仲甡長子，十九入武庠。每年一萬遍拳，二十年不懈志，故其功夫之純一時無兩。

軀幹短小，不知者皆不信其能武，嘗與縣衙護勇鬥，連擊六七人踣地，餘皆畏卻遁去。從父與洪楊軍戰，未嘗敗北。

陳淼傳

陳淼，季甡長子，精太極拳。同治六年，張總愚率眾由絳犯懷，公出迎擊。

十二月十四日晨交戰，奮殺至午，斬滅不盡，身被重創猶奮勇殺敵，因馬蹶中銅炮陣亡。

陳森傳

陳森，字槐三，季甡次子。家傳太極，子春元、孫女淑貞能世其業。

陳鑫傳

陳鑫，字品三，前清歲貢生。研究太極拳精妙入微，著有《陳氏家乘》若干卷，《安愚軒詩文集》若干卷，《太極拳圖畫講義》四卷，《太極拳引蒙入路》一卷，均未梓行。

陳璽傳

陳璽，初學太極拳於陳華梅之門，每得一法輒與華梅子五典角技。

五典不敵屢受創痛，因不為其師所歡，後改從季甡習拳。

陳同陳豐聚傳

皆陳仲甡門人，同務農，善掃腿。豐聚頗通太極拳理，能以言傳。

陳中立傳

陳中立，三德侄孫，長於弓箭。入武庠，學拳於三德，槍、刀、齊眉棍皆精。

太極拳要義一

吾師陳品三先生，致力於太極拳者計七十餘年，著《太極拳圖畫講義》四卷，洋洋十餘萬言，立論精詳，世罕其儔。余往日錄其要義，以備研探。

今先生之書流落他處，未見梓行問世，余取舊篋所藏載諸拙著，以彰先生立言之一斑，並使後學者有所遵循焉。

身

拳之一藝雖是小道，然未始不可即小以見大，故肄業之時不可視為兒戲。而身體必以端正為本，身一端正則作為無不端正矣。

大體正，則小體皆正。況此藝全是以心運手，以手領肘，以肘領肩，以肩領身。以全體論則身領乎手，以運用論則手領乎身。身雖有時倚斜，而倚斜之中自寓中正，不可徒以表面觀之而失其大中至正之法。能循規蹈矩，不妄生枝節，自然合拍。

心

心為一身之主，心一動則官骸聽命。官骸不循規矩，非官骸之不檢，實檢官骸者之不檢焉。孟子曰：出入無時，莫知其鄉者，唯心之謂與。又曰：一人雖聽之，一心以為有鴻鵠將至，可見人之有心，但視其操與不操耳。

能操，則心神內斂，故足容重、手容恭、頭容直、目容肅，種種官骸皆在個中，心在故焉。不操，則心恒馳外，故視不見，聽不聞，食亦不知其味，一切行為皆出個外，心不在故焉。

打拳一道，口授居多，著述甚少，故當耳提面命尤得留心聽記。蓋文事武備不留心者，往往視為兩橛而不知實本於一源。其外面動靜之形跡與裡面靜躁之神明，皆由其心之寧靜與否。心苟寧靜，凡四體之開合擒縱莫不有自然之機致，至當恰好無可加損者，存乎其中。苟細心體會，何難升堂入室？

只要如行遠，自邇登高，自卑不躐等而進，不中道而止，以我之心思智力窮行（打拳之理）之，高遠精微，一志凝神，精進不已，層累曲折，無不致極，即身所難到之境，皆可以心達之，無他有心而能用之也。故凡學拳者皆當操心。世人皆以拳為末藝，其學習時往往嬉戲從事，或畏難懈惰，皆難學成。

故未上場時先須打掃其心，使其心清淨，一物無所著，然後上場。一心恭敬，如齊明盛服以承祭祀，不敢褻慢。平心靜氣，上體自然靈動，下體自然穩重，任天機之往來，運吾身之闔闢，儼然一太極元氣周流無間。學習一遍平其氣息，必使四肢運動之跡仍渾然歸於無形，方為學拳準的。

理

打拳多不講理，不講理但論血氣，無惑乎手之多失於硬也。所以打拳貴先講理，順其性之自然，行其勢之當然，合乎人心之同然，而深究其勢之所以然，勿使心有茫然。

一開一合始則勉然，一動一靜久而自然，積久而始而惺然，繼而恍然，終而豁然，以至於盎然、粹然而歸於渾然。其實我之於拳用功並無拂然，一皆率其性之本然而然。

氣

打拳者運動吾身，不滯、不息、不乖、不拂、不偏、不倚、無過不及，是為中氣。拳家苟能順其天機之自然，抑揚頓挫，動合天然，圓轉自如，毫無窒礙，他日遇敵，自然綽有餘地。不然，渾身一片硬氣，猝遇好手，只覺束手無策，進不能進，退不能退，一任他人發落而已，鈍何如也。人亦何樂用硬氣而不用中氣哉？

意

心之所發謂之意。人之打拳，其意初發如作文寫字下筆帶意之義。意於何見？於手見之，意發於心，手即喻之，而形諸五官百骸極有斤兩，極有神韻。心正，則意之所發者皆正，而四肢之運行亦正；

心邪，則意之所發者皆邪，而四肢之運行亦邪，此打拳之先貴誠其意也。曷言乎爾？如人心平氣和，則發於言者皆和順可聽，此意之由和而發者也。如人意氣過盛，其發於言者皆帶激烈之氣，此意之由於怒而發者也。

打拳觀其舉手活順，即知其意念活順，周中規，折中矩，實理貫注於其間，絕無冗雜，觀者亦覺清爽，皆意所發之，乾淨為之也。著著俱有實理，著著俱有真意，非徒以硬手硬腳，全憑霸氣形之於外，毫無蘊藉之意藏之於中，此意之所以貴誠也。學拳者審之。

志

志者，心之所指也，意念一發，而志即隨其意之所往而亦往。人唯能專心者，乃能致志。致志先由立志。人不立志則無所樹立，人不致志則半途而廢，始雖有志如無志也，有始無終故也。

此打拳所以貴立志、貴一志，尤貴致志。苟能致志，加以果毅功夫，則有志者竟成，他日不可限量，皆志為之也。此打拳之貴乎有志。

情

理之存於中者為性，發於外者為情。如樂有清濁高下之致，謂之聲情；舞有進退旋轉，謂之神情；人有交接往來，謂之人情；物價之多寡不同，人心之好惡各異，謂之物情。

曾是太極拳之抑揚反覆，獨無情致乎？拳無情致如死埍地，泥槊木偶全無景致，有何意趣？照自己說，有何可嘉；照外人說，苟能如作文之先伏後應機致流通，其一段生龍活虎變化、捉摸不住氣象在已，既可興發人之志氣，在人又可令觀者拍案驚奇，眼中顧睹、口中樂道、心中願學甚矣。

此情之所發，打拳者不可不留心也，如文有聲情，鏗鏘可聽，頓宕可玩。藝至於此，大有可觀。

景

層巒疊嶂者，山之景；波流瀠廻者，水之景；千紅萬紫者，花之景；春暖花開者，時之景；人之打拳亦如是也，其開合擒縱屈伸往來，一片神行曲折如畫，是之謂景。

景之不離乎情，猶情之不離乎理，相連故也。心無妙趣，打拳絕打不出好景致。問何以打出好景致？始則遵乎規矩，繼則化乎規矩，終則神乎規矩。在我打得天花亂墜；在人莫不唱彩稱奇。直如天朗氣清、惠風和暢、陽春煙景、大塊文章，處處則柳嚲花嬌，層層則山靈水秀，遊人則觸目興懷，詩家則振筆寫妙，雖三百里之嘉陵山水，不足盡也。嘻，拳能至此，其技過半矣，豈不美哉！

神

人之精神雖存乎官骸之中，充足即溢乎官骸之外，其外見而先見者，心、手、眼居多。凡事心、手、眼俱到則有神，無神則形皆死煞，少生動之意，不足動人。神之在人不止於眼，而要於眼則易考驗，故打拳時眼不可斜視，必隨左右手以往還。

如打懶紥衣，眼隨右手中指行，懶紥衣畢，眼即注於右手中指；打單鞭，眼隨左手運行，單鞭畢，眼即注於左手中指；打披身錘，眼看住後腳；打肘底看拳，眼注於左肘下；打小擒拿，眼注於右拳與右掌；打摟膝拗步，眼注於右手中指；打初收，眼注右手指肚；打抱頭推山，兩手並推者，眼看敵人胸，右手在前左手稍後者，眼注右手中指；打跌岔，眼先看左手，待身起來右手向上，眼看右手；打指襠，眼注右拳；打鋪地錦，眼看左手；打跨虎，眼看右手中指；打當頭炮，眼注於左拳。以上四肢孰為直符，眼即注於直符之肢，而全身精神皆聚於此，任在熱鬧場中，目無旁視，如此方覺有神。

亦有四肢直符在此而神反注於彼者，是變格也，不可據以為常。要之，打拳則上下四旁眼都得照顧到，果能一志凝神心手眼一齊俱到，自覺栩栩欲活，奕奕有神矣。學拳者當細驗之。

化

化也者，泯規矩之成跡而自合規矩，是妙乎規矩而神乎規矩者也。化有大化、造化、變化、消化、神化諸名。

此以造詣境地言，專以神化為主，是妙萬物而言，莫名其妙名之曰化，必熟而又熟以至無形跡可擬，如神龍變化捉摸不住，隨意舉動自成法度，莫可端倪，說有即有，說無即無，技至此真神品矣。而大化、造化、消化、變化，太極體用和盤托出，雖小道，至道存焉。所謂即小以見大者，蓋此拳，豈易言哉！

著

拳乃武備中一端，其運用手足或正或偏、或上或下、或左或右、或前或後，因其理以立法，因其法以呈形，名之曰勢，即俗名所謂著。

當下工夫之時，必思此勢由何發起，中間如何運行，結尾如何收束；表是何形，裡是何勁？從心坎中細細揣摩此勢之下與下勢之上，其夾縫中如何承上如何啟下，必使血脈貫通，不令有一絲隔閡判成兩橛，始而一勢自成一勢，終而百勢連成一勢。

如懶紥衣，右手從左腋前起端，手背朝上手指朝下先轉一小圈，從下斜而上行，過上星、神庭，前越右耳外徐徐運行，胳膊展到八九分，不可滿足，滿則應用時必致招損。手與肩平。此是順轉圈，用纏絲勁由腋自內往外斜纏到指，不可往後擘（音百），擘則無力；不可太彎，彎亦無力，必得不偏不倚之勁方佳。

左手是倒轉，用纏絲勁由手外掌過手背纏到肩後外腋止。兩手合住勁，右手如新月半彎形，勁似停實不停，停則氣斷矣。待內勁行到十分，則下勢即接住從此起矣。

右足也如是，畫半個圈展開，先落僕參穴，過湧泉至大敦、隱白止，其止也實。而虛右腿，用順纏勁由大敦起過腳面至足外腓，從湧泉斜纏至內踝骨，一直由內而外逆行斜纏大腿纏至腰。左足趾向北用倒纏勁由外向裡纏，纏到大腿根歸丹田中極。右手與右足一齊起一齊落，說合上下官骸一齊合住，四肢更不待言。

右手內勁充於肌膚，頂勁提起，腰勁下去，襠勁開圓，又要合住膝合住襠，自然合住。合也者，全體皆合，無令一處不合。此是一勢規矩自為一著，其中繁頤猶有言不盡意。古人立法如是，用其深心猶恐不能制勝，而況多數之著？其用心良非易矣。

大凡手動為陽手靜為陰，手背為陽手腕為陰，前則為陽後則為陰。亦有陰中之陽、陽中之陰。某手當令，某手為陽；某手不當令，某手為陰。亦有一勢先陽後陰，外陽內陽。一陰一陽要必不偏不倚無過不及，此學之者不可不留心也。

一勢之微，千言萬語筆之數行難盡其妙，當場一比心即了然，於此見拳之貴乎口傳也，一落紙筆皆成糟粕，棄糟粕而取精華則可與共，學可與適道矣。

學

以上所言皆言拳也，不學無以知，不學無以能。唯於拳之不知者，學以求其知；拳之不能者，學以求其能。果能敏而好學，再能學而時習之，則向之不知不能者，今則無不知無不能矣。斯拳不外陰陽開合之理，抑揚頓挫之勢，苟能百倍其功，雖愚必明，雖柔必強。孔子曰：「我學不厭。」人之於拳，亦唯學而不厭而已矣。

思

思者，思其所學也。學而不思則罔，故必用其心力於所學之中講習研究。凡拳中之層累曲折，自起落以至於精微奧妙，不使有一毫疑惑者，則思之為功居多。故先由淺入深，由近及遠，思其當然並思其所以然，不能明晰，或問之於師，或訪之於友，則所思者不患其不能明。此是格物工夫。

曾子作《大學》乃曰：「致知在格物，思固不廢乎學，學亦不能廢乎思也，此學思不可以偏廢。」淺言之，凡學拳者，當用心學之，不可忽略。

恒

天地之道，唯有一恒字可以成事。恒，久也。雖一藝之微，苟能久於其道，未有苗而不秀，秀而不實者也。孔子曰：「人而無恒，不可以作巫醫。」此學之貴乎有恆也。志為做事之始，恒為做事有常，二字乃學拳要訣。

吾師又做五言詩，勖學者守恆貴誠，其詩云：「理境原無盡，學拳意貴誠；三年不窺園，一志並神凝；始則從良師，繼則訪高朋；誘掖合獎勸，一線啟靈明；一層深一層，層層意無窮；一開連一合，開合遞相承；有時引入勝，才欲罷不能；時習勤黽勉，日進自蒸蒸；一旦真積久，豁然皆貫通。」

夬

夬，決也。心貴決斷。人唯猶疑不決，多敗乃事。學、思、恒三字雖好，苟不決斷，則所學無論何事，皆辦不成。唯拿定主意一直長往，心不回惑，夬而後所學、所思加以恒久工夫，則凡事皆可有成，何況拳之一藝乎？此學拳尤貴於夬也。

太極拳要義二

先嚴諱復元，字旭初，初學於耕雲公，功成後復從仲甡公習新架，故發手能柔如綿緊如剛，往來口外數十年未遇敵手。子明少小侍側，習聞拳理，茲就記憶所及者筆述一二，以成本篇。固陋如余未能道其萬一也。

開合與陰陽

動為陽，靜為陰，一動一靜即為開合，陰變陽為開，陽變陰為合，此就太極拳之全體而言也。以運化而言，左手領左半身向左方運化者，開為太陽，合為太陰；右手隨之而開者為少陽，合為少陰。右方亦然，剛柔即包於其中。故太極生兩儀，兩儀生四象。兩儀者，陰陽也，亦即開合也。四象者，太陽、太陰、少陽、少陰是也。陰陽合開互相化生，得其極致，則渾元一氣循環無端，變動莫測。是以不明陰陽開合者，即不明剛柔動靜之互相為用，偏剛偏柔不能相濟，則去太極拳之根本遠矣。又吾師品三先生謂，練拳之道開合二字盡之。一陰一陽之謂拳，其妙處在互為其根而已。

又做七言詩二首，其一云：動則生陽靜生陰，一動一靜互為根；果能悟得環中趣，一動一靜即天真。其二云：陰陽無始亦無終，往來屈伸寓化工；此中消息真參透，太極只在一環中。

運化轉關

運化為轉關之先機。關即人之周身穴節，故轉關亦曰轉節。凡初學之人，多尚拙力而無靈勁，故以運化去其滯氣，使轉關達於虛靈。蓋虛則有以聚，靈則有以應。虛者集，靈者感，集者靜，感者動，起落旋轉開合變化不能離乎運化轉關。所謂運化轉關者，即由柔筋活節而至接骨鬥榫（音筍）。苟不知此，即不足與言動靜之虛靈者也。

虛　實

太極拳，動靜瞬息之間無不有虛實，故其練法中之前進、後退、左旋、右轉以舉足為虛，落足為實；向左則左實，向右則右實；前進則後虛，後退則前虛。

倘虛實不分，必犯抽腳拔腿之弊。精而求之，則一處自有一處虛實，練時如是，對待敵人時亦復如是。彼虛則我實，彼實則我虛；虛則實之，實則虛之，臨敵乘機，切勿拘泥定法，斯為得其要諦。

變化

變化者，有一手之變化，有一著之變化，有一勢之變化。然無論一手、一著、一勢，其變而能化，皆由簡單漸至於詳密。以開合為一手之變化，以轉關為一著之變化，此即上傳下接之義，唯身法、步法旋轉緊湊方向之變，皆屬一勢之變化也。由開展至於緊湊，切莫逾乎範圍，亂其循序，自能積手為著，著合為勢，勢聯成套。始練似覺有界，久練功夫嫺熟，自能豁然貫通，運轉自如，千變萬化隨心所欲矣。

步驟

先哲有言，物有本末，事有終始，知所先後則近道矣。如無深淺之別、先後之序，即是失卻根本，無論教者本領若何高強，學者定不能藝超於眾。故練太極拳術之步驟，有三層功夫：第一步，學時宜慢，慢不宜癡呆；第二步，習而後快，快不可錯亂；第三步，快後復緩，是為柔，柔久剛自在其中，是為剛柔相濟。教者必由是而教，學者亦必由是而學，則庶乎無差忒矣。

練太極拳術者，固愈慢愈柔者為佳，不宜用力帶氣，又必須知至何時可以換勁，及慢至何時可以速，柔至何時可以剛，此於教授之責攸關，宜從事解釋其發端而至於究竟。繼則實施於法，俾易知用途之次序為入門之階梯。如能預定進度，因人施發，使學者精神煥發興趣環生，自必易得門徑，進步迅速。

腰襠之開合

練太極拳者，對於腰襠兩部之要點不可不知。一開一合、一動一靜，腰襠各有專注，且貴互用，故宜分析明白。腰之要點曰擰腰、活腰、塌腰；襠之要點曰鬆襠、合襠、扣襠。擰腰時襠須扣，不扣則散。活腰時襠須鬆，不鬆則滯。塌腰時襠須合，不合則浮。凡塌腰合襠者為蓄勁，活腰鬆襠者為柔勁，唯出勁時須扣襠擰腰。

茲以各勢各著說明之。如拳式中之掩手錘、披身錘、青龍出水、肘底看拳、閃通背、青龍戲水、二起式、踢一腳、蹬一跟、小擒拿、抱頭推山、前招、後招、野馬分鬃、玉女穿梭、擺腳跌岔、十字腳、指襠錘、黃龍攪水、擺腳、當頭炮等，均屬扣襠擰腰；金剛搗碓、懶紮衣、單鞭、白鵝晾翅、摟膝拗步及收式、合式等，均屬鬆襠活腰。凡姿勢成時，襠宜合腰宜塌，其義主靜，即本著已停下著未做，虛靈勁預蓄其中，動則必變必發，故其功效無量，其時間及所趨方向不可預定。遇左則左應，遇右則右應，上下前後、剛柔緩急輕重悉如之。

命名與取象

研究太極拳者，須分命名與取象為兩點。其所云太極、兩儀、四象者，乃拳法中形而上之命名也。然必知其取象原則，方能明乎實際。太極拳之取象，即肢體練法是也。肢體之大要，不外手、眼、身、步、法。其運用之大要，則不外乎前進、後退、上起、下落、左旋、右轉。故研究此等動作須在科學上追求，始能徹底。

如開步轉勢及前後互換之距離，當以直中線判其遠近；手足身法上起下落之間隔，當以平中線分其高低。餘如拗步姿勢之旋轉，為斜線及弧線之牽引收放；伸屈為來福線之縱縮，故太極拳之圈的內包尚有直線、平線、斜線、來福線、弧線等，與力學、數學之理有密切關係。雖其取象出於形而上之命名，而在科學方面實有相當之價值。

太極拳要義三

太極拳之圈

聞諸先嚴，太極功夫以沒圈為登峰造極，非一蹴可幾，必須循序漸進。由大圈收至小圈，小圈收至沒圈，復以內勁為其統馭，連貫變化運用神妙。技至於斯，形式上無從捉摸之矣。

吾師品三先生之言曰：太極拳，纏法也。進纏、退纏、左纏、右纏、上纏、下纏、裏纏、外纏、大纏、小纏、順纏、逆纏，而要莫非以中氣行乎其間，即引即進，皆陰陽互為其根之理。世人不識，皆目為軟手，手軟豈能擊人？是但以外面視之，皆跡象也；若以神韻論之，自己用功與外人交手，皆以中氣運行使之適得其中，非久於其道者不能澈其底蘊。

兩肩鞸下，兩肘沉下，秀若處女，威若猛虎。手中權衡稱物而知其輕重，打拳之道，吾心中自有權衡，以稱他人之上下左右進退緩急，無不悉以神明之度量使之皆中其節，而令敵之從所從而來者抑負所負而去，是無形之權衡也。

以無形之權衡權有形之跡象，甚矣，其孰能欺之？若第以軟手視太極拳，不唯不知拳，且並不知太極之為太極。太極者，陰陽開合而已矣。必陰陽相停而後名為太極拳，夫豈偏陰無陽之謂哉？

太極拳之用

吾師品三先生之言曰：中氣貫足，精神百倍。臨時交戰，切勿先進。如不獲已，淺嘗帶引，靜以待動，堅持壁壘。堂堂之陣，整整之旗，有備無患，常守其真。

一引一進，奇正相生，佯輸詐敗，反守為攻。一引即進，轉（轉者，方引而忽轉之）進為風，進至七分，即速停頓。兵行詭計，嚴防後侵，前後左右，俱要留心。進步莫遲，不直不遂，足隨手運，圓轉如神。忽上（手足向上）忽下（手足向下），或順（順者用順纏法）或逆（逆者用倒纏法），日光普照，不落邊際。

我之進取，須令不防，人若能防，必非妙方。大將臨敵，無處不慎，四面旋繞，一齊並進。斬將搴旗，絕妙如神，太極至理，一言難盡。陰陽變化，存乎其人，稍涉虛偽，妙理難尋。

太極拳之要點

余綴父師之言，成太極拳要義三篇，又恐初學者不能得其要領，不嫌繁複，謹舉其要點，以為初步研究者參考。

性質 太極拳之性質，吾師品三雖言：剛中寓柔，柔中寓剛，剛柔相濟，運化無方。此言成手時之功夫也。初學宜以自然柔活為主。柔宜鬆活宜領，柔而不鬆活而不領即不自然，安能致堅剛於將來哉。

方法 太極拳之方法其最主要者，為虛、實、開、合、起、落、旋、轉八字，初學宜辨別清楚。

程式 習太極拳之程式，須先慢後快，快後復緩；先柔後剛，然後剛柔始能相濟。

姿勢 動作停止時之架勢曰姿勢。太極拳姿勢之要點，不外乎手領、眼隨、身端、步穩、肩平、身合，尤須注意頂襠兩部之勁無使有失，否則必致上重下輕周身歪斜，站立不穩之病百出矣。

動作 太極拳之動靜做勢純任自然，運化靈活循環無端，要知其虛實開合起落旋轉俱從圓形中來。凡初步入門以大圈為法，始則柔筋活節，進則接骨鬥榫。學者誠明乎此，身作心維，朝斯夕斯，精而求之，進步自速。

呼吸 呼吸調氣足以發達肺部。若於早晨呼吸後練習拳術，或在練拳時有相當之呼吸隨其動靜出納以調氣，則筋肉與肺部必同時發育，自無肺弱之患。

精神 太極拳之精神以虛靈為極致。初習者固不能達此境界，然能守所舉要點鍥而不捨，久久自能水到渠成。

周身相隨 四肢百骸協同動作，此之謂周身相隨。故太極拳一動無有不動，一靜無有不靜。

變著轉勢　太極拳之變著與轉勢原屬兩解：一，前著已停，下著未做，其中間之動作成一勢曰變著。如懶紮衣下練之右合式；又如摟膝拗步下練之右收式；野馬分鬃、玉女穿梭前之兩個左收式，均為變著。二，此著一停，要做下著中間之一動作名曰轉勢。如單鞭以下之左轉；又如掩手錘以下之右轉等動作均屬轉勢，均須辨別明白。

身作心維　語曰：口誦心維。讀書且如此，況習武乎？故身而作，心而維，實最易使人進步之一法。太極拳之身作心維至要者，曰身宜作其圓活，心宜維其虛靈。

無貪無妄　習太極拳最忌貪多，尤戒妄動。凡運用與姿勢均須求其正確，庶練成後不致犯病，而精進自易。若貪若妄者，成就終鮮。此弊初學什九難免，切宜注意。

十三勢術名及其演練法

太極起勢

【姿勢】

手：兩臂兩手自然下垂，十指平直。

圖一

眼：兩眼向前平視。

身：束肋，塌腰，身須端正而包合，背勿弓，胸勿現。

步：雙膝微屈，兩腳相距寬度與兩肩相等，使上下相照，站立宜穩。

法：下頦內收，頂勁上提，襠勁下鬆而合，氣使下沉，重心落於兩腳上。如圖一。

金剛搗碓

【初步動作】

承上式，在原地將身徐徐下落，重心置於右腳。左掌向前起與肩平。同時，左腳前上一步踏實，重心移於左腳。右手握拳上起，由左手外轉至掌內。轉時腳膝隨同平起，轉畢腳平落於地。

圖二

【姿勢】

手：左掌、右拳須與心對，兩肘沉下，兩肩鬆下。

眼：兩眼向前平視。

身：束肋，塌腰，周身包合，背勿弓，胸勿現。

步：兩腳相距寬度與兩肩相等，使上下相照，雙膝微屈。

法：頂勁須使上提，故下頦必須內收。襠勁下鬆而合，重心落於兩腳之上，務求站穩。如圖二。

【連貫動作】

左手領左足向前上步；右拳帶右足自下而上，屈膝平起，拳由左手外旋歸掌內，足即落地。

左掌、右拳各領半身起落旋轉，全部動作務求相隨，切勿妄動。腰宜活，氣宜沉，眼隨手轉。

懶紮衣（今名攬擦衣）

【初步動作】

承上式，右拳變掌落至左肋處，由面前往右邊旋轉，指尖遙與眉齊。同時，右腳向右方邁一步，腳跟先著地落實後屈膝。左手落於腰間。左腳就原地向右轉順。

圖三

【姿勢】

手：右手遙與眉齊，左手虛做叉腰狀。

眼：眼神略注右手中指。

身：束肋，拔脊，沉肘，平

肩，塌腰，周身包合，不可右探。

步：右腿露膝，左腿勿屈。

法：頂勁須使上提，襠勁下鬆而合，重心落於兩腳之上。如圖三。

【連貫動作】

兩手徐徐下落，全身下矮，右手自左肋處起，由面前往右邊旋轉。右足隨手往右方邁步，露膝鬆襠。左手落於腰間，左足在原地隨右足向右方轉順，眼神略注右手中指，全部動作務求周身相隨，切勿妄動。眼隨手轉，腰宜活，氣宜沉。

右合式

此為懶紮衣至單鞭中間之一變著，若無此著，則兩姿勢間缺一合勁而不能相連矣。

【動作】

右手領動全身徐徐下矮，兩手相合於右。右腳向前轉實，左腳收虛，足尖點地。

【姿勢】

手：兩掌距離之寬度與膝之距離同。

圖四

眼：眼看兩手。

身：肋宜束，腰宜塌，周身包合，背勿弓，胸勿現。

步：雙膝微屈，右腳實左腳虛，距離約一橫腳遠近。

法：頂勁須使上提，襠勁下鬆而合，重心落於右腳之上，氣宜下沉。如圖四。

單　鞭

【初步動作】

承上式，全身徐徐下落，左手自右肋處起，由面前向左邊旋轉，指尖遙與眉齊。同時，左腳向左邁一步，腳跟先著地，俟落實後屈膝。右手撮五指左旋一小圈而向右展。右腳就原地向左方轉順。

【姿勢】

手：左手遙與眉齊，右手撮住五指，沉肘，平肩。

眼：眼神注左中指。

身：束肋，拔脊，塌腰，周身包合，不可左探。

步：左腿露膝，右腿勿屈。

法：頂勁須使上提，襠勁下鬆而合，重心落於兩腳之上。如圖五。

圖五

【連貫動作】

兩掌徐徐下落，全身下矮，左手自右肋處起由面前向左邊旋轉，指尖遙與眉齊。左足隨手往左方邁步，露膝鬆襠。右手撮五指旋一小圈向右展。右腳在原地隨左腳向左方轉順。全部動作務求周身相隨，切勿妄動。眼隨手轉，腰宜活，氣宜沉。

金剛搗碓

此重著也，其練法要點雖與第一著相同，然因轉勢關係，故其開始動作略異。

【動作】

兩手領肩，臂下落，束肋活腰，就原地徐徐左轉。同時，左腳向前轉實，重心落此，眼隨左手前視。餘與第一著金剛搗碓動作相同。

白鵝晾翅

【初步動作】

承上式，兩掌隨身下矮徐徐落至雙膝前。先將重心落於左腳，右腳向右橫邁一小步，重心即換於此。同時，兩手由左而右經面前上旋，眼隨手轉。左足收成虛腳，足尖點地。

【姿勢】

手：兩掌做八字形，高與眉齊，兩肘下沉。

眼：兩眼平視。

身：肋宜束，腰宜塌，背勿弓，胸勿現。

步：雙膝屈，右腳實，左腳虛，相距約一橫足遠近。

法：頂頸須使上提，襠勁下鬆而合，重心落於右腳之上。如圖六。

圖六

【連貫動作】

兩手引動全身徐徐下矮落至雙膝前，旋起，由面前轉至右邊，高與眉齊。兩足隨手向右邊並步，腰宜活，右足實，左足虛。兩肘虛懸下沉如晾翅狀，氣宜下沉。全部動作務求周身相隨，切勿妄動。

摟膝拗步

【初步動作】

承上式，全身徐徐下矮，兩掌自胸下相交落至雙膝下分摟，右手自右膝外上轉至鼻準前，左手自左膝外上轉，撮五指落於左腰間。同時，左腳向左方邁一步，腳跟先著地，俟落實後屈膝，右腳就原地向左方轉順。

【姿勢】

手：右肘下沉成圓形，掌與鼻準相照。左手於左腰間撮住五指，虎口向內。

眼：眼視右掌中指。

身：束肋，塌腰，周身包合，背勿弓，胸勿現。

步：左膝露，右腿勿屈，兩腳距離一步。

法：頂頸須使上提，襠勁下鬆而合，重心落於兩腳之上。如圖七。

圖七

【連貫動作】

兩手領動全身下矮，由雙膝下左右分摟往上旋轉，右掌落於鼻準前，左手撮五指落於腰間。左足向左邁一步，鬆襠露膝；右足向右方轉順，眼視右手食指。全部動作務求周身相隨，腰宜活，氣宜沉。

右收勢一

此為摟膝拗步至斜行摟膝拗步中間之一變著。

【初步動作】

兩手引動全身。右足往右後方斜收一步踏實，左腳隨收，虛點於地，重心落於右腳上。左掌在前，肘微屈；右臂成勾股形，肘平，掌與胸齊。頂勁須使上提，襠勁下鬆而合，周身相隨，目注前手。

圖　八

【姿勢】

手：左掌在前，肘微屈；右臂成勾股形，肘平，掌與胸齊。

眼：眼視左手。

身：束肘，塌腰，周身包合，背勿弓，胸勿現。
步：雙膝微屈，右腳實，左腳虛，相距約一橫腳。
法：頂勁須使上提，襠勁下鬆而合，重心置於右腳上，氣宜下沉。
如圖八。

斜行拗步

【初步動作】

承上式，全身徐徐下矮，兩手自然下落，左手用開勁向左旋轉一圈，領左腳向左半面斜邁一步；右手用合勁旋轉一圈，領右腳跟一步；左腳再邁一大步，先要腳跟著地，俟落實後屈膝。同時，兩掌自胸下相交落至雙膝下分摟，右手自右膝外上轉至鼻準前；左手自左膝外上轉，撮五指落於左腰間。

【姿勢】

手：右肘沉下成圓形，掌與鼻準相照；左手撮五指置於左腰間，虎口向內。

眼：眼視右掌中指。

身：束肋，塌腰，周身包合，背勿弓，胸勿現。

步：左膝露，右腿勿屈，兩腳距離一步。

法：頂勁須使上提，襠勁下鬆而合，重心落於兩腳之上。如圖九。

圖 九

【連貫動作】

兩手領動全身下矮，先後旋圈。兩腳隨同次第斜上三步。全部動作務求周身相隨。餘與摟膝拗步同。

右收勢二

此為斜行摟膝拗步至掩手錘中間之一變著，其動作與第一右收勢相同，唯此係右足往右後方正收一步成為正面式。

演手紅捶（今名掩手捶）

【初步動作】

承上式，全身徐徐下矮，兩手自然下落，左手用開勁向左旋轉一圈，領左腳正行向左邁一步；右手用合勁旋轉一圈，領右腳跟一步。左腳再邁一大步，先要腳跟著地，俟落實後屈膝。

同時，左手合旋一小圈掩在左肋前；右手變拳旋一大圈，由胸前經過，照左掌自然鬆出。

【姿勢】

手：左掌右拳合在左肋前，與膝相照。

眼：眼看兩手。

身：束肋，塌腰，周身包合。

步：左膝露，右腿勿屈，相距一步。

圖十

法：頂勁須使上提，襠勁下鬆而合，重心落於左足上。如圖十。

【連貫動作】

兩手領動全身下矮，先後旋圈。兩足隨同次第向左上三步。左手掩在左肋前，眼隨右拳由胸前照左手鬆出，平肩，束肋，擰腰，扣襠，氣宜下沉。全部動作務須周身相隨，切勿妄動。

金剛搗碓

此重著也，其練法要點雖與第一、第二金剛搗碓相同，然因轉勢關係其開始動作略異。

【動作】

兩手領全身向右回。左腳就原地向前轉面向正方。右拳落於大股之右。餘與第一、第二兩著相同。

披身錘（今名庇身捶）

【初步動作】

承上式，重心落於左腳。右拳收至左肋下，左手收至右肩前與兩臂抱合。右手領右腳往左腳邊虛收，全身下矮，重心在左腳上；同時，右腳向右鬆襠邁一步，先要腳跟著地，俟落實後屈膝。右肩低至右膝下，旋起束肋、擰腰，兩手各往左右大圈旋轉，右拳旋至太陰穴，左拳轉至左胯上。左足就原地向裡轉順，重心在右腳上。

【姿勢】

手：右拳在太陰穴，手心向下。左拳在左胯上，手心向外，肘肩朝前。

眼：眼注左腳趾。

圖 十一

身：周身包合，背勿弓，胸勿現。

步：右腳露膝，左腳勿屈，相距一步。

法：兩肩下鬆，重心落於右腿，上頦下收，擰腰，束肋，合襠，氣宜下沉。如圖十一。

【連貫動作】

兩手領兩臂抱合，右拳向左鬆出。全身下矮，鬆襠邁右步。兩手由雙膝下分左右往上旋轉，右肩由膝下過右拳旋至太陰穴，左拳轉至左胯上。左足就原地向裡轉順，右拳與左肘、左足趾取一斜線。全部動作務須周身相隨。

青龍出水

【初步動作】

承上式，兩手落下自左邊大圈旋起，束肋，擰腰，由胸次第往右鬆出。右臂平，肘與膝相照；左肘屈，眼隨手轉。兩膝隨身手活動，先左後右，重心隨勁更換，兩腳仍在原處不動。

【姿勢】

手：右手在前，肘與膝照；左手在右乳前，肘平，兩手手背均向外。

眼：眼看右手。

圖　十二

身：身法宜低，背勿弓，胸勿現。

步：披身錘步法原地不動。

法：頂勁上提，氣宜下沉，平肩，束肋，塌腰，合襠，重心在兩腳上。如圖十二。

【連貫動作】

兩手自然落下，自左而右大圈旋起，經由胸前向右鬆出，須使周身相隨。初練宜用兩掌鬆出，嗣練用兩拳鬆出，均用柔勁，圖中左掌右拳者，所以明拳掌俱可演習。

肘底看拳

【初步動作】

承上式，右手領右腳向左後方轉，面向前，重心即落於右腳上。右手向外大圈旋轉，握拳至左肘下，左掌側豎。左腳尖虛點於地。

【姿勢】

手：左手側豎。右拳在左肘下，與左膝相照。

眼：眼向前視。

身：束肋，塌腰，上體正直，下體低屈，背勿弓，胸勿現。

步：右腳實，左腳虛，相距一橫腳。

法：頂勁須使上提，襠勁下鬆而合，周身包合，氣宜下沉。如圖十三。

【連貫動作】

兩手領動全身左轉，右腳向左後方轉順。右拳由面前旋歸左肘下，左掌側豎。右膝屈，足尖虛點於地。全部動作務求周身相隨，切勿妄動。眼隨手轉，氣宜下沉。

圖 十三

倒捻紅（今名倒捲肱）

【初步動作】

承上式，兩手下落兩膝外，右手帶右腳平起，重心落於左腳上。右手由後旋至右肩前落下。同時，右腳向後方倒步，腳尖先著地，俟落實後重心移此。左部動作亦然。各轉數次，最後兩掌隨身下矮徐徐落至雙膝前，準備演下著白鵝晾翅。

是。

【姿勢】

手：右手在右肩前，左手在左膝外，此為右倒捲肱。左倒捲肱反是。

眼：眼向前視。

身：身法宜低。

步：右腳高與左膝平。左倒捲肱反是。

圖　十四

法：上身宜直，下身低屈，頂提，肋束，腰塌，襠合。此著只列右式。如圖十四。

【連貫動作】

兩手下落各領各半身次第旋轉，由後旋起至肩前落下。兩腳隨手向後倒步，足膝平起後落。

手肘肩捲肱旋轉各三次，旋轉畢，兩手落雙膝前。全部動作務求周身相隨，切勿妄動。成倒捲肱式。

白鵝晾翅

摟膝拗步

皆重著也，其動作姿勢均與前述之白鵝晾翅、摟膝拗步相同，圖不列。

閃通背

【初步動作】

承上式，右腳先向左內收半步落實，左腳向右內收半步虛點於地，兩腳相距一橫腳。同時，右掌領肘肩隨右半身側矮，掌落兩腳之間，重心置右腳上；左手撮五指向後高起，與右手上下相照，眼隨右手下視。

本節動作先扣襠後合襠。

圖 十五

【姿勢】

手：右掌大指朝前在兩腳之間。左手撮五指向後高起，手心向上。

眼：兩眼下視。

身：身法矮，背側左，勿弓。

步：兩腳左虛右實，兩膝屈。

法：頂勁須使上提，擰腰，合襠。如圖十五。此動作須與後圖連合演習。

【連貫動作】

右手領右半身活潑轉動，側身落掌至兩足間，左手撮五指向後高起。同時，兩腳次第內收，相距一橫腳，閃通背至此為止。

轉身動作，右掌隨即領左腳起身上步裏轉，右腳下步與左腳相齊。右手落於右股外，接演掩手捶。全部動作務求周身相隨，切勿妄動。成閃通背式。

演手紅捶

懶紮衣

單　鞭

皆為重著，練法見前。

雲手（今名運手）

【初步動作】

承上式，左掌領，右手變掌下落，自膝上大圈旋起，經面前運向右方；同時，左掌下落，自左膝上大圈旋起，經面前運向左方。眼隨手轉，左右交互上下運轉各三次。同時，兩腳隨手換步向左橫進，束肋，活腰，鬆襠，屈膝。然後左腳向左邁步落實，右腳向裡轉順。兩手隨勁向左鬆出，身向左半面轉勢。

【姿勢】

手：右式右掌在右，左掌在腹前，左式反之，手背均向外。

眼：兩眼隨兩手流注。

身：背勿弓，胸勿現，束肋，塌腰，周身包合。

步：兩腳向前，鬆襠屈膝。

法：此式有左右兩式，左式與懶紮衣相類，右式與單鞭相類，唯係小步。原是一著，故僅列右式。如圖十六。

圖　十六

【連貫動作】

兩手領動各半身次第上下

運轉各三次。同時，兩腳向左換步橫進。迨手足運轉畢，兩手隨勁向左自然鬆出，身向左半面轉。全部動作務求周身相隨，切勿妄動。成雲手式。

高探馬

【初步動作】

圖　十七

承上式，兩掌同時下落，自左而右旋轉上起，經面前仍向左方自然鬆出。同時，左腳收回腳尖點地，兩腳相距一橫足。束肋，活腰，鬆襠，屈膝，重心落於右腳上。

【姿勢】

手：左手在前仰手。右掌在胸前合手。

眼：眼向前視。

身：背勿弓，胸勿現，束肋，塌腰。

步：右腳實，膝微屈；左腳虛，膝宜露，相距一橫腳。

法：頦下收，頂上提，左肘與左腳上下相照，合襠穩勢做高探狀，氣宜下沉。如圖十七。

【連貫動作】

兩手下落自左膝處起，轉由右後方上旋，經面前仍向左方自然鬆出。右手合肘屈，平落胸前，左手引肘向左，仰手舒放，眼前視。同時，左腳虛收於右腳前。全部動作務求周身相隨。成高探馬式。

圖　十八

右插腳

【初步動作】

承上式，左腳落實，兩手領全身上右步向左轉。同時，兩手落下合勁，大圈旋起以平為度，重心落於左腳上。兩手開勁，旋分左右以平為度。同時，右腳照右手踢起，足面與掌心接觸為右插腳，落右腳即演左插腳。

【姿勢】

手：兩掌合手平展，右掌心

與右腳面接觸。

眼：眼看右手。

身：身法宜直，胸勿現，背勿弓。

步：左腳獨立宜穩，膝勿屈，右腳宜平，與右掌接觸。

法：肩平，頂勁上提，襠勁鬆開。如圖十八。

左插腳

【初步動作】

承上式，右腳落實，兩手領全身上左步向右轉。同時，兩手落下，合勁旋起以平為度，重心落於右腳上，兩手開勁分左右旋平。同時，左腳照左手踢起，足面與掌心接觸，是為左插腳，踢畢仍落於地。

【姿勢】

手：兩掌合，兩臂平展，左手與左腳面接觸。

眼：眼看左手。

身：身法宜直，背勿弓，胸勿現。

圖 十九

步：右腳獨立宜穩，膝勿屈。左腳面宜平，與左掌接觸。

法：頂勁上提，肩平，襠開。如圖十九。

【左右插腳連貫動作】

兩掌落下，左腳落實向外轉，兩手領全身上右步向左轉，相距半步。兩臂左右平展，身宜活潑，重心落於左腳上，束肋，鬆襠，眼看右手。右足上插，足面接觸右掌成右插腳，即落原處向外轉。

兩掌復落下，兩手領全身上左步向右轉，相距半步。兩臂左右平展，身宜活潑，重心落於右腳上，束肋，鬆襠，眼看左手。左腳上插，足面接觸左掌，成左插腳。

【轉勢動作】

身體左向後轉，左腳隨同虛點於地，兩腳相距一橫足。兩掌變拳相抱，兩臂平屈。身法宜低，眼向左視，重心落於右腳上。

回身蹬一腳

【初步動作】

承上式，束肋，鬆襠，左腿屈起隨手向左橫足蹬出。同時，兩拳隨

圖　二十

腳向左右下旋，出勁展臂，落左腳，即演青龍戲水。

【姿勢】

手：兩拳兩臂合勁平展。

眼：眼向左看。

身：身法宜低，背勿弓，胸勿現。

步：右腳獨立宜穩，膝微屈。左足橫踹宜平。

法：肩平，頂勁上提，襠須鬆開。如圖二十。

【連貫動作】

左腳跟向左蹬出。兩拳領臂同時鬆出，左分右展。右腿獨立，膝微屈，勢宜穩，全部動作務求周身相隨。成蹬一腳式。

上步青龍戲水

【初步動作】

承上式，左腳落地，右拳大圈合勁旋轉，領右腳跟一步。左腳再邁一大步，先要腳跟著地，左膝露，腳落實。同時，左拳合旋一小圈轉至左腰上，右拳大圈旋轉向左腳面下指。束肋，擰腰，扣襠，身向左下，重心落於左腳上。

【姿勢】

手：右拳下指左腳面，手背向前。左拳在左腰上，手背向下。

圖　二十一

眼：眼視左腳尖。

身：身法宜低，背勿弓，胸勿現。

步：左膝露，右膝勿屈。

法：頂勁須使上提，襠勁下鬆而合，成拗步。如圖二十一。

【連貫動作】

左腳落地，跟右腳開前步。兩拳隨步旋轉。露膝，鬆襠，身向左下。右拳下指左腳面，左拳轉至左腰上。全部動作務求活潑相隨。成青龍戲水式。

回頭踢二起

【初步動作】

承上式，兩腳在原地向右後轉，重心落於右腳上。右臂旋起向前平展，身法宜低。左腳屈膝平起。同時，左右手變掌互相旋轉，左手仍落於後。乘左腳落地時右腳踢起，與右手掌接觸，落右足即演懷中抱月。

【姿勢】

手：右手合，左手仰，右掌與右腳面接觸。

眼：眼往前看。

圖　二十二

身：身法宜活潑。

步：右腳面宜平，與右掌接觸。左腳膝平屈，虛懸空中。如圖二十二。

【連貫動作】

兩拳領動全身，回頭。兩腳次第向右後轉。兩臂先後旋轉，重心落於右腳上，矮身，左腳屈膝平起，俟腳踢起與右掌接觸時，始落於地，擰腰，鬆襠。全部動作務求活潑相隨。成二起式。

懷中抱月

【初步動作】

承上式，右腳落地，兩掌領全身下落變拳，上左步右轉，重心置於右腳上，左腳尖虛點於地。兩拳旋起抱合胸前。

圖　二十三

【姿勢】

手：兩拳相抱，右合手在上，左仰手在下，平肩沉肘。

眼：眼向前看。

身：上體直，下體矮，背勿弓，胸勿現。

步：左腳虛，膝宜露；右腳實，膝微屈，兩腳相距一橫足。

法：頂勁須使上提，襠勁下鬆而合，重心落於右腳上，束肋，塌腰，氣宜下沉。如圖二十三。

【連貫動作】

右腳落實，兩掌下落變拳，旋起抱合胸前。同時，上左步虛點於地。全部動作務求活潑相隨，氣宜下沉。成懷中抱月式。

圖　二十四

左踢一腳

【初步動作】

承上式，重心仍在右腳上，眼向左看，兩手向左右旋轉。領虛足向左上踢一腳，隨即向右後轉左腳落實。同時，兩手隨身旋轉落下，束肋，擰腰，扣襠，矮身。兩拳相扣至兩鬢角。重心落於左腳上，右腳趾虛點於地。

【姿勢】

手：兩拳左右平展。

眼：眼向左看。

身：身宜直，背勿弓，胸勿現。

步：右腳獨立宜穩，左腳向左上踢。

法：頂勁須使上提，襠勁鬆開。如圖二十四。

【連貫動作】

兩手左右鬆展。左足向左上踢一腳，隨即右後轉落實，左腳虛點。兩拳相扣至兩鬢角，名雙峰貫耳。全部動作須求活潑相隨。

右蹬一跟

【初步動作】

承上式，束肋，鬆襠，右腿屈起向右橫足蹬出。同時，兩拳隨腳向左右下旋，出勁展臂，轉身落左腳，即演掩手捶。

圖　二十五

【姿勢】

手：兩拳兩臂合勁平展。

眼：眼向右看。

身：身法宜低，背勿弓，胸勿現。

步：左腳獨立宜穩，膝微屈。右腳橫踹，宜平。

法：頂勁上提，襠勁鬆開，重心在左腳上。如圖二十五。

【連貫動作】

右腳跟向右蹬出。兩拳領兩臂同時猛鬆，左右分展。左腿獨立，膝微屈，勢宜穩。全部動作務須周身相隨。成右蹬一跟式。

上步演手紅捶

此重著也。承上式，身體向右後轉，右腳跺地，此名恨腳，重心落於其上。其餘動作與前相同。

小擒拿

【初步動作】

承上式，併右足，左足向左邁一步。左手上撩，束肋，擰腰，扣襠，矮身，右手上提旋回，向左肱下側手推出。

【姿勢】

手：左掌心在內，肘與膝照。右掌心向外，肘平。

圖　二十六

眼：眼向左看。

身：身法宜低，背勿弓，胸勿現。

步：左膝露，右膝勿屈，腳踏平。

法：頂勁須使上提，襠勁下鬆而合，重心落於兩腳。如圖二十六。

【連貫動作】

併右足邁左足，用雲手式左手上撩，右手由面前旋回向左肱下側手推出。全部動作務求活潑相隨，氣宜下沉。成小擒拿式。

摟膝抱頭推山

【初步動作】

承上式，左腳向裏順，矮身、擰腰往右轉，重心落於左腳上，右腳屈膝收起。隨即兩手分摟旋往兩耳處抱頭豎掌推出。同時，右腳向前邁步落地，膝露襠鬆。

圖　二十七

【姿勢】

手：兩掌豎起，兩虎口相照。

眼：眼向前看。

身：束肋，塌腰，背勿弓，胸勿現，身法宜低。

步：右腳在前，膝宜露。左腳在後，膝勿屈。

法：頂勁須使上提，襠勁下鬆而合，氣宜下沉。如圖二十七。

【連貫動作】

全身下矮，擰腰，身向右轉，右腳屈膝收起。兩手分摟上旋抱頭豎掌推出。右腳前邁一步落地。動作務求周身相隨。成抱頭推山式。

單　鞭

此重著也，須由右合勢練起，其動作見前。

前招後招

【初步動作】

承上式，兩腳在原地，先以左手領左半身旋轉一周，眼看左手，重心落左腳上，為前招。次以右手領右半身旋轉一周，眼看右手，重心落右腳上，為後招。

圖　二十八

【姿勢】

手：前招左手在前，後招反之。

眼：前招眼看左掌，後招反之。

身：身法端正，背勿弓，胸勿現。

步：前招左膝露，後招兩腳不動。

法：束肋，塌腰，頂勁須使

上提，襠勁下鬆而合。如圖二十八。

【連貫動作】

左手領左半身旋轉，而右半身隨勁相應。右手領右半身旋轉，而左半身亦隨勁相應。全部動作務求周身相隨，切勿妄動。

左收式一

圖　二十九

此為後招至野馬分鬃中間之一變著。

【動作】

承上式，左腳在原處裡轉，屈膝；右足收回虛點於地，重心落於左腳上。同時，領活兩手右轉。

【姿勢】

手：右掌在前，肘微屈。左臂成勾股形，肘平，掌與胸齊。

眼：眼看右手。

身：束肋，塌腰，周身包合，背勿弓。

步：雙膝微屈，左腳實右腳虛，相距一橫腳。

法：頂勁須使上提，襠勁下鬆而合，氣宜下沉。如圖二十九。

野馬分鬃

【初步動作】

承上式，右手領右半身上下旋轉，左手領左半身上下旋轉。同時，右腳隨右手進步，左腳隨左手進步，左右各三步。然後右手領全身前跳

圖　三十

一步，跟左腳演左收勢（此處有兩練法，於前跳一步後先練單鞭後練左收勢，俟熟練後不練單鞭亦可）。

【姿勢】

手：右式右掌在右鬢前，左掌在左膝外。左式反之。

眼：眼向前看。

身：身法宜低，右式胸向右，左式反之。

步：右式右腳實，膝微屈；左腳虛，膝宜露。左式反之。

法：頂勁須使上提，襠勁下鬆而合，束肋，塌腰，氣宜下沉。如圖三十。左式不列。

【連貫動作】

兩手領各半身先後上下旋轉。同時，兩腳隨手次第向前上步，束肋，活腰，各演三次。然後右手領全身前跳一步，跟左腳演右合式。全部動作務求周身相隨，切勿妄動。

單　鞭

動作姿勢與前相同（繼演左收式二）。

玉女穿梭

【初步動作】

承上式，右手直領周身旋活，右腳落實。左手自右臂上部向前推出。同時，左腳前跳一步，身體即向右後轉。右手落至左肋處，左手落至左股外，眼隨手轉（右腳向右邁步時同右手向右邊旋轉終式形如懶紮衣）。

【姿勢】

手：左手與左臂平。右手在胸前，肘平屈。

眼：眼向左看。

身：身宜直，背勿弓，胸勿現。

步：左腳在前，膝宜露。右腳在後，腿勿屈。

法：頂勁須使上提，襠勁下鬆而合，氣宜下沉。如三十一圖。

圖　三十一

【連貫動作】

右手直領周身旋活，兩腳送頓；左手領周身前穿，身隨手轉。右腳落在前，右手落至左肋處，左手落至左股外，略如懶紮衣式。全部動作務求周身相隨，切勿妄動。

單 鞭

雲 手

動作姿勢均與前同。

擺腳跌岔

【初步動作】

承上式，周身左轉下矮，右足左起擺打兩手，屈膝，平足，收回與

圖　三十二

左腳跌換落地，束肋、擰腰；同時，左腿展出，右腿屈豎。左掌照左腳面前推，右手至右肩前。

【姿勢】

手：左掌豎對左腳面。右掌平在右肩前。

眼：眼看左腳。

身：束肋，塌腰，背勿弓，胸勿現。

步：左腿直，右腿屈，均依於地。

法：頂勁須使上提，襠勁左

右分展。如圖三十二。

【連貫動作】

兩手引周身活潑，右足擺打兩手，屈膝平足收回，與左腳跌換落地，束肋，擰腰。左掌在前照左腳面，分襠跌岔，右手至右肩前均領著前推。合襠即起，矮身蓄勢，兩手至胸前。右腳上步虛點於地，相距一橫腳，眼向前看。

金雞獨立（一名朝天鐙）

【初步動作】

承上式，先以右手領右半身徐起，自耳前上托至頭頂，右足膝平起，左腳獨立，左手平往下落，五指朝前，成左獨立式。右手即自耳後與右腳同時向右下落，左腳虛點於地。左手領左半身徐起，自耳前上托至頭頂，左足膝平起，右腳獨立，右手平往下落，五指朝前，成右獨立式。

圖三十三

【姿勢】

手： 右手在頭頂上，五指朝後。左手在左股外，五指朝前。右式反之。

眼： 眼向前看。

身： 身宜端正，背勿弓，胸勿現。

步： 左腳獨立，右腳靠左腳。右式反之。

法： 頂勁須上提，襠勁須扣合，束肋，塌腰，站立宜穩。如圖三十三。

【連貫動作】

右手領動右半身自耳前托至頭上，足膝平起；左手平往下落，左腿獨立，成左獨立式。右手即自耳後與右腳同時落下，左腳虛點於地。左手領左半身自耳前托至頭上，足膝平起，右手平往下落，右腿獨立成右獨立式。全部動作務求周身相隨，切勿妄動。

倒捻紅

此重著也。承上式，左手左腳落下，即演本勢，其動作見前。

白鵝晾翅

摟膝拗步

閃通背

懶紮衣

單　鞭

雲　手

高探馬

均重著，其動作見前。

十字腳

【初步動作】

承上式，左手變為合掌，領左腳向左橫邁一步，重心落左腳上。右手領右腳上起擺打，左掌後懸，靠左腿。

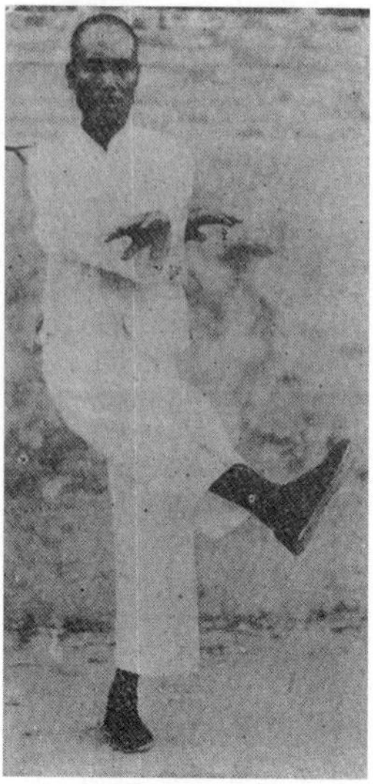
圖　三十四

【姿勢】

手：右手合於左肋處，左掌平直在左腳前。

眼：眼向前看。

身：身宜直，背勿弓，胸勿現。

步：兩腳向前，左膝宜露，右腿勿屈。

法：頂勁須使上提，襠勁下鬆而合。如圖三十四。

【連貫動作】

左手領左腳向左橫邁一步，兩手相交，左手在上，右手在下。起右足擺左手，即將足收回懸靠左腿。全部動作務求周身相隨。

指襠捶

【初步動作】

承上式，右手隨右腳轉身下落。轉時肋宜束，腰宜擰，重心落右腳上。左腳向左邁一步，兩手變拳由雙膝下往左右分，左拳小圈旋至左腰間，右拳大圈轉至前方，合手下指，與兩腳取三角形。

圖　三十五

【姿勢】

手：左拳在左腰間，手背朝前，右拳下指前方，與兩腳取三角形。

眼：眼看右拳。

身：身宜直，背勿弓，胸勿現。

步：左膝宜露，右腿勿屈。

法：頂勁須使上提，襠勁下鬆而合，氣宜下沉。如圖三十五。

【連貫動作】

右半身右向後轉，右腳與左獨立腳相跌成悢腳。換步，重心在右腳上，左腳向左邁步。兩手變拳由膝下左右分摟，左拳旋至腰間，右拳轉至前方，合手下指。全部動作務求周身相隨。

黃龍攪水

【初步動作】

承上式，兩拳領周身徐徐下矮，右腳收經左腳邊，束肋，擰腰。同時，右臂旋轉一圈鬆出。右腳前跳一步，左腳跟上，一齊落實。

【姿勢】

手：右拳在前，左拳平屈腹前，虎口均向上。

眼：眼向右看。

身：身法宜低，背勿弓，胸勿現。

步：兩膝微屈，相距一橫腳。

圖　三十六

法：頂勁須使上提，襠勁下鬆而合。如圖三十六。

【連貫動作】

兩拳領全身下矮，束肋，擰腰，向右方前跳一步。右拳隨勁鬆出，兩腳落實。全部動作務求周身相隨。

單　鞭

此重著也，由黃龍攪水演右合式後演本式，其動作見前。

雀地龍（一名鋪地金）

【初步動作】

承上式，兩手領兩肩，胯下鬆，周身隨同下矮，右膝屈，左腿鋪地，足尖豎起，與左手相照，右手撮五指領於後方。

【姿勢】

手：左掌與左腳相照，右手撮五指在後。

眼：眼向左看。

身：束肋，塌腰，背勿弓，胸勿現。

圖　三十七

步：右膝屈，右腳實。左腿鋪地，左足尖豎起。

法：頂勁須使上提，襠勁左右分展。如圖三十七。

【連貫動作】

兩手領兩肩膀，束脅，擰腰，矮下，右膝屈，左腿鋪地，左足尖豎起與左掌相照，右手撮五指在後方。

周身虛領，勿使傾側，以期動作易於前起。

上步七星

【初步動作】

承上式，後手隨前手領周身與右足前起，重心落於左腳，右手上起由左手外內轉。兩手相交轉時右腳膝隨同平起，轉畢腳虛落於地。

【姿勢】

手：左手在外，右手在內，兩手相交高至天庭。

眼：眼向前看。

身：束脅，塌腰，背勿弓，胸勿現，周身虛領。

步：左腳實，膝微屈。右腳虛，膝宜露。

圖　三十八

法：頂勁須使上提，襠勁下鬆而合，氣宜下沉。如圖三十八。

【連貫動作】

兩手領全身與右腳前起，重心落於左腳，右手上起由左手外內轉至天庭前相交。同時，右腳膝平起，轉畢，虛落於地。全部動作務求周身相隨。

下步跨虎

【初步動作】

承上式，周身向右後方下矮，右足向右下退一步落實，重心落於右腳，左腳收回虛點於地。兩手分摟雙膝，右手自右膝外上轉至天庭前，左手自左膝外上轉，撮五指落於左胯外。

【姿勢】

手：右掌在天庭前，左手撮五指在左胯外。

眼：眼向前看。

身：束脅，塌腰，上體正直，下體低屈，背勿弓，胸勿現。

步：右腳實，左腳虛，相距一橫足。

法：頂勁須使上提，襠勁下鬆而合，氣宜下沉。如圖三十九。

圖　三十九

【連貫動作】

周身向右後方下矮，束脅，活腰，右足下步落實，左腳虛收。兩手自雙膝外分摟，右手轉至天庭，左手撮五指轉落左胯外。全部動作務求周身相隨。

轉身擺腳

【初步動作】

承上式，兩手領左腳上前邁一步，連落足帶右後轉身，右腳向右橫邁一步，周身下矮，重心落於左腳上。兩手相合十指朝前。右腳左起擺打兩手，屈膝平足收回靠於左膝內。

圖　四十

【姿勢】

手：兩手相合於左膝前。

眼：眼向前看。

身：身法端正。

步：左腳獨立宜穩，右腳懸

靠左膝內。

法：頂勁須使上提，周身虛領。如圖四十。

【連貫動作】

兩手領左腳前邁一步，連腳落帶轉身，右腳右邁一步，周身下矮，束脅，擰腰。右腳左起擺打兩手，屈膝平足收回靠左膝內。全部動作務求周身相隨。

當頭炮

【初步動作】

承上式，兩手變拳領周身束脅、擰腰向右後方矮身下步，重心即落右腳上。兩拳由右膝下旋起，右拳轉至太陰穴，左拳與右拳係一順勁旋停左眉前，右肘平屈，眼看左拳。

圖　四十一

【姿勢】

手：右拳在右鬢角，左拳在左眉前。

眼：眼看左掌。

身：周身包合。

步：右膝露，左腿勿屈，兩腳相距一步。

法：頂勁須使上提，襠勁下鬆而合。如圖四十一。

【連貫動作】

兩掌變拳，右腳向右腳後方矮身下步，並拳往右膝下旋轉，右拳轉至太陰穴，左拳旋停左眉前。全部動作務求周身相隨。

（注）如循環演習第二套者，將此著之左拳變掌落於胸前，右拳下落右股外，周身變轉須使活潑。再由金剛搗碓式演起，仍至當頭炮為止。

太極拳之擖手

擖手一謂擠手，即楊家所稱之推手是也。吾師謂掤攦擠捺四字，是兩人相交手運用周身之妙法也。又曰：天地之道，剛柔而已，擖手亦然。彼以剛來，我以柔應，柔中寓剛，人所難防。

何謂掤？如敵人以兩手捺吾之胳膊，我以右胳膊從右肋卸下（必右腳與右手一齊卸下），是謂之掤。掤之下勢即為攦。掤者以吾一隻右肱捧他人兩手也，我先屈我之右肱小胳膊，自下往上捧之。

圖　四十二　掤

何謂攌？當右手右足正往下（下即往後撤也）卸之時，右胳膊掤敵人之兩手，即以左手搭住敵人之大胳膊，我之左右手一齊往我之右面引之（引即往後卸也）使進，是之謂攌（蓋我不露空，彼必不往前進。是我以攌者明露其空，彼視為得機得勢，必前進來擊，不然彼不肯輕進）。

何謂擠？如我以兩手縷人之右肱，人即以右肱前進擊我，是之謂擠。

圖　四十三　攦

何謂捺？捺如兩人將交手時，敵人先以兩手欲推倒吾，我以一右肱掤人之兩手，彼既不得勢，隨以兩手捺吾之右肱，是之謂捺（大率掤與攦皆屬應敵之方，擠與捺皆屬擊人之用）。

以上所言是右方面，左方面亦然。彼捺我，我掤之；我攦彼，彼擠之；我捺彼，彼掤之；彼攦我，我擠之，只此四字循環無窮。學者必先學打拳，迨工夫即久，裏面稍有中氣貫乎胳膊之中，兩人

圖　四十四　擠

手對（技藝亦一樣）皆知用引進法不用橫氣（血氣之氣謂之橫氣），此時一來一往天機稍覺，活動千變萬化，盈虛消息略有可觀。勝者知其所以勝，負者知其所以負，然後始覺要手之妙全在平居耍拳。拳之中無理不具，是中氣之全體也。要手乃中氣之大用也。用心打拳，拳到成時自然會耍手（耍手即擖手）。

昔吾嘗曰：初學用功斷斷不可先學耍手，先學耍手敗壞之門，終身無以入德矣。學者不先學打拳而

圖 四十五 捺

但欲先學擖手，如孩提未能立而先學走，未有不仆者也。捨本求末，是不先難而先獲也。不知先後，烏能近道？是打拳第一要功。世人之先學耍手，皆是性躁欲速，不先打拳皆是畏難苟安，不能循序進而欲躐等以求是，猶不以規矩而欲成方圓。如是者，皆為大匠所弗尚。

擖手十六目

較（較是較量高低），接（接是兩人手相接也），沾（沾是手與手相沾，如沾衣欲濕杏花雨之沾），黏（黏如膠漆之黏，是人既沾我手不能離去），因（因是因人之來），依（依是我靠住人身），連（連是手與手相接連），隨（隨是隨人之勢以為進退），引（引是牽引使近於我），進（進是令人前進不使逃去），落（落如落成之落，簷水下滴於地，又如葉落於地），空（空宜讀去聲，人來欲擊吾身而落空虛之地），得（得是我得機得勢），打（打是機勢可打，乘機打之），疾（疾是速而又速，稍涉延遲即不能打，機貴神速），斷（斷是決斷，一涉游疑便失機會，過此不能打矣）。

掤、攦、擠、捺四字是擖手交戰之大綱，四字原是一字一講，一字一句，因各字各有各取意也，故不能連作一句，聯作一句不能講矣（無情無理講不下去）。十六目是大綱中十六條目也，也是一字一講，各有取意，不必強為牽合，聯絡成句一強牽合，即沒講矣。唯引進落空四字略可連成一句，余則不可強連，只該一字一句。

擖手三十六病

抽（抽是知己將敗欲抽回身），拔（拔是拔去），遮（遮是以手遮人），架（架是以胳膊架起人之手），搕打（搕打，如以物搕物而打之），猛撞（去聲，猛撞者，突然撞去，貿然而來，不出於自然而欲貿然取勝），躲閃（躲閃者，以身躲過人手，欲以閃賺跌人也），侵凌（侵凌者，欲入人之界裡，而凌壓之也），斬（如以刀斫物），摟（摟者以手摟人之身），搯（搯者，將手搯下去），搓（搓者如兩手相搓之搓，以手肘搓敵人也），欺壓（欺是哄人，壓是以我手壓住人之手），掛（掛是以手掌掛人），離（離是去人之身，恐人擊我），閃賺（閃賺者，是誆愚人而打之），撥（撥是以我手硬撥人），推（推是以手推過一旁），艱澀（艱澀是手不熟成），生硬（生硬者，仗氣打人，帶生以求勝），排（排是排過一邊），擋（擋是不能引，以手硬擋），挺（挺者，硬也），霸（霸者以力後霸也，如霸者以力服心），騰（如以右手接人，而復以左手架住人之手，騰開右手以擊敵人），拿（拿如背人之節以拿人），直（直是太直率，無綿纏曲折之意），實（實是質樸，太老實則被人欺），鉤（鉤是以腳鉤取），掤（以硬氣架起人之手，非以中氣接人之手），抵（抵是硬以力氣抵抗人），滾（滾如圓物滾走），根頭棍子（根頭棍，是我捺小頭彼以大頭打我），偷打（偷打者不明以打人，於人不防處偷打之），心攤（心攤者藝不能打人，心如貪物探取，打人必定失敗）。凡此諸病不可或犯，有一於此，受困何難？病能去淨，自得性天。

以上三十六病或有全犯之者，或有犯其四五，或有犯其一二者，有犯幹處皆非成手，手到成時無論何病一切不犯，蓋以太和元氣本無乖戾故也。

太極拳源流考

唐範生

今歲春，余偕陳溝太極拳家子明陳先生赴其鄉調查搜集，得太極拳史料甚富，南歸整理成《太極拳史的研究》約五萬言，而子明亦本其所學著《陳氏世傳太極拳術》一書，先余付剞劂，遠道以稿見示，囑為一言。余以近人習太極拳者對於是拳源流類皆附會妖妄，爰為之考，以附書末。

陳溝太極拳世家陳槐三藏有家譜一冊，於其九世祖陳王廷名諱旁注云：

「王廷（家譜廷作庭，茲據族譜及王廷墓碑考正），又名奏庭，明末武庠生，清初文庠生，在山東名手，掃蕩群匪千餘人，陳氏拳、手、刀、槍創始之人也。天生豪傑，有戰大刀可考。」（見家譜十二頁又十六頁註有「至此以上乾隆十九年譜序，以下道光二年接修」十九字）

又王廷遺有長短句一首，其前半云：

「歎當年，披堅執銳，掃蕩群氛，幾次顛險，蒙恩賜枉徒然；到而今，年老殘喘，只落得黃庭一卷隨身伴。悶來時造拳，忙來時耕田。趁餘閒教下些弟子兒孫成龍成虎任方便……」

家譜所云陳氏拳手，長短句所云悶來時造拳之語，可證其即為太極拳者有二：家譜三十六頁十四世長興旁注「拳師」二字，十五世耕雲旁註「拳手」二字，陳長興、陳耕雲父子皆世所知名之太極拳家，一也；陳溝村人至今不習外來拳法，二也。唯所謂陳氏拳手也者，不僅指太極之長拳、十三勢，尚有一套勢法出於同一系統之炮捶，故王廷所創者實有長拳、十三勢、炮捶三套。

考陳溝長拳、十三勢、炮捶歌譜，其中色名與戚繼光三十二勢相同者，計有懶紮衣、單鞭、金雞獨立、探馬勢、七星勢、倒騎龍、連珠炮、懸腳、二換、滿天星、邱劉勢、下插勢、埋伏勢、抛架子、拈肘勢、一霎步、擒拿勢、四平勢、伏虎勢、雀地龍、朝陽手、雁翅勢、穿莊腿、跨虎勢、拗鸞肘、硬開弓、當頭炮、順鸞肘等二十七勢。余又取現存之十三勢、炮捶練法與拳經圖勢對比之，亦同。且長拳歌訣採用戚氏《拳經》中語句者如：七星拳手足相顧，跨虎勢那移發腳，朝陽手遍身防腿，邱劉勢左搬右掌，拿鷹捉兔硬開弓等，皆可證太極拳之前身實係拳經。

世稱太極拳係梁之韓拱月，唐之許宣平、李道子、殷利亨（《太極拳勢圖解》言殷利亨與許宣平之弟子宋遠橋為友，據此則殷亦生於唐代），宋之張三豐（亦有稱張為元明間人者）等所傳，陳溝則稱係明初陳氏始祖卜所創。

按太極拳若為韓、許、李、殷、張等發明，則梁、隋、唐、宋、元、明六朝何以未見於著錄？陳卜墓碑係康熙五十年辛卯，裔孫追立，其十世孫庚所撰墓誌未言太極拳為卜所創。查言韓、許、李、殷之發明太極拳者，始於民國十年出版之《太極拳勢圖解》；言張之發明太極拳者，始於乾嘉間人王宗岳（王之時代余詳考於拙著《太極拳史的研究》一書中）；言陳之發明太極拳者，始於道光以後人陳品三（見陳所著《引蒙入路・自序》）。

姑無論其說之有無價值，但就長拳、十三勢、炮捶與戚氏《拳經》圖勢色名歌訣相同諸點觀之，即足證明太極拳脫胎於《拳經》無疑。況戚氏創編《拳經》時，參考於古拳家者為宋太祖三十二勢長拳、六步拳、猴拳、囮拳，參考於當時拳家者為溫家七十二行拳、三十六合鎖、二十四棄、探馬、八閃番、十二短、呂紅八下、綿張短打、李半天之腿、鷹爪王之拿、千跌張之跌、張伯敬之打、巴子拳等，可見彼時名家拳法中，尚未有所謂太極拳。此尤足為上說進一步之證明。

明代自嘉靖以後，內憂外患相迫而來，故士大夫講武之風盛極一時。戚氏武功彪炳於世，其練兵實效諸法影響於當時，究心兵政者必甚深巨。王廷生當明清之會，其身世我人今雖不能詳知，然讀其遺詩自述，初為戰將，晚年隱居。消極思想上受道家影響，採取戚氏成法，參以己意創為拳套，作子孫磨礱之具，至為明顯。余嘗謂明代遺民中王介祺之創太極刀法，陳王廷之創太極拳法，一南一北可謂無獨有偶。

王廷所創十三勢，即陳溝所稱老架。傳至十四世陳有本，而創新架。楊露禪得陳長興老架之傳，而創楊派。十五世陳清萍得有本新架之傳，而創趙堡派。武禹襄得楊露禪、陳清萍之傳，而創武派。孫祿堂得武派之傳，而創孫派。此外尚有宋書銘一派太極。拳派演變至今，已歧而為七，若並各家支派計之，則又不止此數矣。

考陳氏老墳墓碑，王廷為崇禎康熙間人。又陳氏家譜王廷以下子孫輩之習拳成手者，始注明拳師、拳手等字樣。

某君謂陳氏自朱明萬曆間迄民國止代有傳人，是蓋未嘗親見王廷墓碑及詳考《陳氏家譜》所訛。余為附揭於此，以見考古之學，字字有實據，句句有考證，初非學不足以辨偽，識不足以存真，標榜矜名之徒所足與語者也？

中央/河南省國術館審定本書指令

中央國術館指令

令陳子明

呈送河南陳溝陳氏世傳太極拳術一書請審定備案由

呈及附件均悉當將該項作品交由本館教材編審委員會審查去後茲經呈復該項作品叙述詳盡理法精當審查合格等情前來合行准予備案仰即知照此令附件發還

河南省國術館指令

令陳子明

呈送陳氏世傳太極拳術一書請審令備案由

呈及附件均悉當將該項作品交由本館編審委員會審查去後茲經呈復該項作品叙述簡明取材完備審定合格等情前來合行准予備案仰即知照此令附件發還

中華民國二十一年十二月三十一日初版

陳氏世傳太極拳術

定價洋一元

著作者 温縣陳子明

審定者 中央國術館 河南省國術館

校閱者 沁陽劉丕顯 定興朱國福

發行處 中國武術學會 上海梅白格路松柏里六號

寄售處 各省市大書局

太極拳精義

太極拳精義目錄

例言

一、《太極拳精義》這本書是把太極拳的精奧真義闡述清楚，絕沒玄妙的詞句來炫惑讀者。子明粗通門徑，書中內容簡陋，還請讀者們原諒。

二、太極拳是陳氏的世傳技藝，幾百年來名遍全國，但是它的廬山真面目知道的很少。子明特別著書介紹給社會，並非為炫耀自家門戶，乃藉以交換各方知識，小作貢獻罷了。

三、這本書純為初學的人作的，所以說明盡力詳細淺近。

四、關於姿勢上應該注意的幾點特別加以說明，使學者不致陷於錯誤。

五、習練太極拳的程式須從淺入深，時間久了自然熟能生巧，入於神化，萬不能求速好快。倘若一味求快，不務實際，那就生出躐等的毛病，後來一無所成，至多不過學得皮毛，絕不能得到內中神妙。

六、太極拳的基本法總不外乎動靜開合，起落旋轉，初學的人必須分別清楚，循規練習，久了自然成熟，那時可以隨意變化，周身渾圓一氣才算到了佳境。

自序

著者小影

自吾九世祖於明清鼎革未分之際，幾組義勇企復明室，後見民族已亡，獨木難支大廈，乃退隱岩穴，造拳傳藝，迄今已歷數百年矣。雖吾家代有能手，及他姓問技已去者亦俱能發揚光大，使斯技遺緒未墜，見重於社會。然先輩之授率皆口授心傳，鮮有專冊，憑藉子明秉承父師指授，對於太極粗窺門徑，志欲推廣，故前曾就十數年教學之經驗及研究之所得，著《陳氏世傳太極拳術》一書貢獻於社會，以資提倡，並希或可挽救中華民族於衰弱危機之秋。洎抗戰軍興，子明執教陝南，復感書籍缺少，不克使有志者皆得學習，因撰斯編，以便學者身作心維，融通領會。

按陳家溝太極拳有新老架之分。新架係由老架神明變化而來。其法初以柔為主，漸而剛柔相濟。斯作即係紹述新架之精奧者，尚海內名宿不吝指教，則子明不勝歡迎之至。

中華民國三十三年三月三日序於國立西北師範學院

陳王廷傳

太極拳始創者陳王廷先生遺像

陳王廷，字奏庭，崇禎康熙間人。明末天災人禍相繼而起，地方官又罔恤民困，苛政暴斂，無所不至。登封民無力納糧，官逼之，遂揭竿起事，以武舉李際遇為首。公與際遇善，往止之。力勸不聽，但約不犯溫境。滿清定鼎，際遇事敗族誅，有蔣姓者僕於公。一日，公命備馬出獵於黃河灘。有一兔起奔，蔣追未及百步獲之。

公憶及際遇有一部將，能健步如飛，馬不能及。詢蔣，果即其人。公所遺畫像執大刀侍立其側者，即是相傳之蔣把式。

公文事武備皆卓越於時，創太極拳，遺長短句一首，可略窺公之生平。其詞云：

「歎當年，披堅執銳，掃蕩群氛，幾次顛險，蒙恩賜，枉徒然；到而今，年老殘喘，只落得《黃庭》一卷隨身伴。悶來時造拳，忙來時耕田，趁餘閒，教下些弟子兒孫成龍成虎任方便。欠官糧早完，要私債即還，驕諂勿用，忍讓為先。人人道我憨，人人道我顛，常洗耳，不彈冠，笑煞那萬戶諸侯，兢兢業業不如俺，心中長舒泰，名利總不貪。參透機關，識破邯鄲。陶情於漁水，盤桓乎山川。成也無幹，敗也無幹。

若得個世境安泰，恬淡如常，不忮不求，聽其自然。哪管他世態炎涼，權衡相參，興也無關，廢也無關，誰是神仙？我是神仙。」

康熙十六年自題於日省廬中

陳氏家譜注載云：

王廷又名奏庭，明末為武庠生，清初又為文庠生。當鼎革未分之際，率義勇在山東掃蕩群氛，威名大震。嘗大刀當賊匪千餘，賊聞名竟不敢逼。因知國祚將盡，退隱岩穴，教子弟擁經史焉。後陳氏長於拳藝、槍、棒，蓋自此始也。

太極拳的源流和派別

據一般人傳說：太極拳是宋人張三豐所傳。近有中央國術館前編審處處長唐君範生，親赴河南溫縣陳家溝村調查，始知太極拳實在是陳溝村人陳王廷所創。

王廷又叫奏庭，是明末清初時候的人。他所創的太極拳共有七套：第一套叫做拳勢總歌，其餘六套叫做頭套、二套、三套、四套、五套及紅炮捶。頭套拳（一名十三勢）就是現在一般人所稱為太極拳的，無論在陳家溝或一般社會上，都是非常盛行的。

自從陳王廷創出太極拳以後，子孫相傳。一直到現在陳溝村中陳氏子弟，差不多沒有一個不會太極拳，不過工夫有深淺罷了。據陳氏家譜所載，陳氏太極拳世代相傳，幾乎沒有一代不出幾位有名拳術家。

其他遠來學習成手的門徒，如永年楊福魁，號露禪，後來在北平一帶頗享盛名。現在他的孫子楊澄甫所教的太極拳稱為楊派。他的再傳弟子吳鑒泉所教的太極拳稱為吳派。

至於陳氏後裔遞傳的太極拳，到了十四世，有一位名手陳有本，推陳出新，又創出一種新架，於是把舊有的稱為老架。至今陳溝村中練習太極拳的還有新架、老架之分。陳有本的新架傳給陳清萍，後來因清萍遷居趙堡鎮，所有這一派被人稱為趙堡派。武禹襄開起先從楊露禪學老架，後來又從陳清萍學研新架，於是創出一種武派。孫祿堂本精八卦拳，後又從武派學太極拳，於是又創出一種孫派。以上便是太極拳的源流和派別的大概。

太極拳的要點

太極拳的拳理很深，有很多特別的地方和其他拳術大不相同。學者先要明瞭太極拳的要點，等到練習的時候，一方面照式動作，一方面細心揣摩各要點，像這樣「身作心維」，才能夠進步的快。若是只曉得在形式上依樣畫葫蘆，就是學完一套空架子也是毫無意思，並且在實際上也不能有所作為。所以，練習的時候務須凝神一志，心無雜念。現在先把太極拳的要點逐條寫在下面。

1. 性　質

太極拳的性質是剛柔相濟，柔中有剛，剛中有柔。不過初學的時候只要求其動作柔活，而且自然就夠了。柔要能各骨節鬆開，活要手與腳領的住。這就是自然。

2.方　法

太極拳最重要的是「虛、實、開、合、起、落、旋、轉」八個字。初學者先要把這八個字辨別清楚。

3.程　式

學太極拳要先慢後快，快後復歸於緩。快不可錯亂，慢不可癡呆。又要先柔後剛，然後才能剛柔相濟。

4.姿　勢

動作停止時候的架勢叫姿勢，姿勢的主要點，不外乎手領、眼隨、勢端、步穩、肩平、身合。尤其要注意脊椎骨的應用，就是使頂勁、襠勁不失。頂襠一失勁，必致上重下輕，周身歪斜，站立不穩，弊病百出。

5.動　作

太極拳的動靜做勢，全出於自然。運化靈活，循環無端。要曉得太極拳的虛、實、開、合、起、落、旋、轉，都是從圓圈中來的。初學入門，先要以大圈為主，隨後慢慢地由大圈變為小圈，小圈變為沒有圈。起先只不過是柔筋活節，後來便可接骨鬥榫。

6.呼　吸

呼吸調氣，最能發達肺部。若於早晨呼吸後練習拳術，或在練習時有相當的呼吸，隨著動靜出納以調氣，那麼筋肉和肺部，必能同時發育，自然沒有肺病之忌了。

7.精　神

太極拳的精神練到一片虛靈，便是功夫到家了。初學的人雖然一時做不到這地步，只要依法勤練，日久自然會達到這種境界。

8.周身相隨

四肢百骸同時動作，便叫做周身相隨。所以太極拳有一句術語，叫做「一動無有不動，一靜無有不靜」。

9.變著轉勢

前著已停，下著未做，在這中間的動作自成一勢，卻不算在十三勢節目之內，這叫做變著。比如「懶紮衣」下面所練的「右合式」，「摟膝拗步」下面所練的「右收式」，「野馬分鬃」和「玉女穿梭」前面所練的「左收式」都是變著。前著一停，就要練下著，在這中間有一種不成勢的過門動作，這便叫做轉勢。

比如第一個「單鞭」以後的左轉，第一個「掩手捶」以後的右轉，第二個「閃通背」到「懶紮衣」當中的過門動作，「下步跨虎」到「轉身擺腳」當中的過門動作，都是轉勢。

10.無貪無妄

貪是說貪多，妄是說妄動。這兩件是練太極拳所最忌的，也是初學者最易犯的毛病，不可不戒。

太極拳的基本動作

太極拳的動作很曲折，姿勢又多，初學的人，四肢百骸各關節都還沒有柔活，驟然間去練這很曲折的動作，不免有許多困難。姿勢既多，一時也記憶不清；還要對於手、眼、身、步、法，處處顧到，事實上恐怕很不容易。況且一套太極拳練完，要費好幾分鐘時間，初學的人，腰腿力弱，一定會感到過分的疲勞，這是很不相宜的。

為了這三層的原因，所以特在十三勢中，選出最扼要的「雲手、野馬分鬃、倒捻紅」三式，作為初步基本練習。這樣分式單練，動作簡單，便可免除了上面所說的三種困難。等到這三式練熟，各關節也稍為柔活，腰腿也比較強健了，手、眼、身、步也能大致顧得周到，有了相當的能力，然後再正式學習十三勢，必能得到「事半功倍」的效果。現在把這基本動作的步驟，逐一說明如下：

雲手勢

預備式

【口令】預備

【動作】未聞口令以前，要先做立正姿勢。一聞口令喊：「預備」，右腳向右橫進半步，同時各部骨節齊往下鬆。兩腳距離約與兩肩相等，兩膝微屈，兩臂兩手依自然之勢向下垂，掌心微附於兩股外側，四指併攏，拇指依自然之勢離開。

【姿勢】

手：兩臂兩手依自然之勢下垂，十指平直。

眼：兩眼向前平視。

身：束肋，塌腰，身須正直而包合，背勿彎，胸勿挺。

步：兩膝微屈，兩腳距離約與肩等，站立要穩。

法：下頜微向裏收，頂勁，往上提，襠勁向下鬆而帶合。氣要往下沉，全身重點落於兩腳。

雲 手

【口令】一——二……停

【動作】聞口令「一」全身徐徐下矮。右掌從右膝上徐徐向左、向上大圈旋起，從面部前經過，再向右方做弧線運動，至右肩落到與肩平為止。右臂不可伸得太直，肘須微屈。當右掌向左、向上運行經過腹部、左肋到右肩前面這一段，掌心都是向內的；同時，領起右腳向左收攏，虛靠近左腳內側，勿著地，這時全身重心也隨著移動在左腳上。等到右掌運行到左肩前，再往上向右繼續運行時，掌心便須隨右肱自然之勢徐徐向外翻（注意：腕不可屈，右掌背要和右肱外側面平）。這時右腳比右掌略先向右橫進半步落地。左腳不動。當左掌右旋運行過面部時，便也向右、向上大圈旋起，等到右臂落到與肩平時，左掌恰好運動到腹部之前，這樣便成為雲手右勢的姿勢。

繼聞口令「二」，左掌便不停地繼續向上、向左大圈旋轉，直至左臂落到與肩平為止，一切都和上面所說右掌的動作一樣。左腳也是被左掌所領，先向右收攏，虛靠在右腳內側，勿著地，全身重心移在右腳上。隨後再將左腳向左橫進一步落地。當左掌繼續運行時，右掌也是不停地徐徐往下落至右股外側，仍舊不停，繼續再向左、向上運行，等到左臂落到與肩平時，右掌也恰好運行到腹部之前，這樣便成為雲手左式的姿勢。

再聞口令「一，二…」不間斷地喊，兩掌便照樣一上一下不斷地左右旋轉。兩腳便照樣不斷地向左換步橫進。這樣便是雲手連貫動作。直待聽到口令喊停，才將右腳靠攏左腳，兩臂依本來運行之勢下落，仍恢復立正姿勢。

【姿勢】（右式）

手：右掌在右，掌心朝前，左掌在腹前，掌背朝前。

眼：兩眼隨著兩手運行而流注。

身：束肋，塌腰，周身包合，背勿彎，胸勿挺。

步：兩腳向前，兩膝屈。

法：頂勁上提，襠鬆而合。

【註一】雲手左勢的姿勢，只要把兩手改為左手在左，掌心朝前，右手在腹部前，手背朝前，其餘都和右式一樣。

【註二】在十三勢中練雲手，本來都是向左換步橫進的，不過在練習基本動作的時候，也不妨練習向右換步橫進，只要左腳改用半步，右腳改用一步，其餘動作完全一樣。

【註三】太極拳本來是連綿不斷的，應當一氣練完，中間不應有停頓，所以用「一，二…」口令，實在不甚相宜。現在因為便利初學起見，不得不如此，將來練熟後，只喊「預備」和「開始」口令，其餘便不用口令。

野馬分鬃

預備式（同前）

【口令】一—二……停

【動作】聞口令，先將全身重心落在左腳上，右手領住右半身，從右股外側（即原處）徐徐向上起。起的時候，右腳隨同向前邁一步，腳跟先著地既落實，右膝露出。右手虎口向上，手腕下對腳前，右肘下與膝蓋相照，重心仍在兩腳上。左腳在原地腿微屈，左手在原處（即左股外側），這樣便成為野馬分鬃右式的姿勢。聞口令「二」，左手領左腳收至右腳內邊，不落地（重心自移到右腳上）即向左前方邁一步，在這時候兩手已就互相運行，左手從左股外側徐徐向前、向上至左鬢前。左腳落實時，左膝露出。左手腕下對腳前，左肘下與膝蓋相照。在互相運行時，右手就原處（即右鬢前）往上起，起至中指朝上，再向後往下落，落至虎口向上。右半身隨右手略向右後轉，右手手指朝後，兩手左高右低成斜線前後相照，重心須在兩腳上，右腳在後，腿微屈。這樣動作便成為野馬分鬃左式的姿勢。

【姿勢】（右式）

手：右掌在右前上方，掌心向左，左掌在左股外側，掌心向右。

眼：兩眼向前平視。

身：束肋，塌腰，胸略向右。

步：右腳實，膝宜露。左腳在後，膝微屈。

法：頂勁上提，襠勁下鬆而合，氣宜下沉。初練務將各骨節鬆開，身法易低易活，久練周身自能相隨。

【註】右式姿勢裏面所有的「右」字都改為「左」，左字都改為

「右」，便是左式姿勢。

倒捻紅

預備式（同前）

【口令】一—二……停

【動作】聞口令，右手從右股外側，由後向上大圈旋轉，右掌經過右鬢側前再往下落，仍回到右股外側。當右手向後往上旋轉時，乘勢領起右腳，至大腳抬平為度，小腿向下垂，腳跟高與左膝相等，腳面宜平，全身重心落在左腳上。這時右掌旋過右耳處右鬢前側，左掌猶在左股外側，便成為右倒捻紅姿勢。聞口令「二」，右掌從右鬢前側往下落，右腳向後退一步，也往下落，腳尖先著地，腳跟後著地。同時，左手從左股外側由後向上大圈旋轉，乘勢領起左腳，至大腿抬平為度，小腿向下垂，腳跟高與右膝相等，腳面宜平，全身重心落在右腳上。這時左掌旋過左耳至左鬢前側，右掌落至右股外側，便成為左倒捻紅姿勢。照這樣左右兩手一上一下地旋轉，左右兩腳一起一落地向後退，便是倒捻紅連貫動作。等到口令喊「停」，左手左腳同時落下，右腳不動，左腳併攏，仍回復立正姿勢。

【姿勢】（右式）

手：右掌在右鬢前側，左掌在左股外側。

眼：兩眼向前平視。

身：上身宜直，下身低屈，束肋，塌腰。

步：右腳跟高與左膝齊，腳面宜平，右膝微屈。

法：身法宜低，頂勁要提，襠勁要合。

【註一】右式姿勢裡面所有的「右」字都改為「左」，左字都改為「右」，便是左式姿勢。

【註二】野馬分鬃和倒捻紅，也可以聯合起來練習，只要在野馬分鬃停止時，不必回復立正姿勢，而變成預備式，隨即可以練習倒捻紅。像這樣兩式連合起來，一進一退，循環練習，確是很便利的。

太極拳的術名和分節

太極拳除了變著不算之外，共有五十八式，分作十三節，因此又稱為「十三勢」。不過太極拳是最重變化的，所以初學雖然是五十八式，到練熟後，在這十三節中間，可以增減一二式。最後還有不重著的練法。現在把這五十八式的術名，按節寫在下面：

第一節

1. 太極起勢　2. 金剛搗碓　3. 懶紮衣　4. 單　鞭

第二節

5. 金剛搗碓　6. 白鵝晾翅　7. 摟膝拗步

第三節

8. 斜行摟膝拗步　9. 掩手捶　10. 金剛搗碓

第四節

11. 披身捶　12. 青龍出水　13. 肘底看拳

第五節

14. 倒捻紅　15. 白鵝晾翅　16. 摟膝拗步

第六節

17. 閃通背　18. 掩手捶　19. 懶紮衣　20. 單鞭

21. 雲　手　22. 高探馬

第七節

23. 右、左插腳　24. 左蹬一腳　25. 青龍戲水　26. 踢二起

27. 懷中抱月

第八節

28. 左踢一腳　29. 右蹬一跟　30. 掩手捶　31. 小擒拿　32. 抱頭推山

33. 單　鞭

第九節

34. 前招後招　35. 野馬分鬃　36. 玉女穿梭　37. 懶紮衣

38. 單　鞭　39. 雲　手

第十節

40. 擺腳跌岔　41. 金雞獨立　42. 倒捻紅

第十一節

43. 白鵝晾翅
44. 摟膝拗步
45. 閃通臂
46. 懶紮衣
47. 單　鞭
48. 雲　手
49. 高探馬

第十二節

50. 十字腳
51. 指襠捶
52. 黃龍攪水
53. 單　鞭

第十三節

54. 鋪地錦
55. 上步七星
56. 下步跨虎
57. 轉身擺腳
58. 當頭炮

太極拳的演練法（即十三勢的演練法）

1.太極起勢

動作和姿勢都和預備式的動作姿勢一樣。

2.金剛搗碓

【動作】連接上式，就原地位將身徐徐下落，全身重心落在右腳。隨將左掌（宜與左腳同時動作）由下向前、向上旋起，高與肩平。當左掌旋起時，乘勢領起左腳上前一步踏實，膝屈，全身重心移至左腳。隨將右手握拳（要與右腳同時起），由下向前、向上旋起，經過左掌外再轉到左掌心內。當右拳旋起時，乘勢領右腳屈膝平抬起，等到右拳轉向左掌心時，右腳也同時落下，兩腳部位和間隔與上式相同，全身重心平均落於兩腳。動作時眼隨手轉。

【姿勢】

手：右拳放在左掌心內，與心相對，兩肘沉下，兩肩鬆下。

眼：兩眼向前平視。

身：束肋，塌腰，周身包合，背勿彎，胸勿挺。

步：兩腳相距寬與肩等，腳尖向前，兩膝微屈。

法：頂勁上提，下頷內收，襠勁下鬆而合，重心落在兩腳上。

3. 懶紮衣

【動作】連接上式，兩手徐徐下落，身也隨同下蹲，重心落在左腳上，右拳變掌落到左肋處，向上徐起，經過面部之前向右旋轉，轉到臂與肩平為度，肘微屈，指尖遙與眉齊，掌心斜向外。右腳比右手略早一點向右邁步，腳跟先著地，落實後屈膝，腳尖斜向右前。左掌隨右手旋一小圈，落到左腰，虛做叉腰姿勢。左腳等右腳邁出落實後，即將腳尖略蹺起，就原地向內轉順，轉到和右腳成平行線落實，重心復落於兩腳上。眼神隨右手流轉，遙注右手中指尖。

【姿勢】

手：右手在右，肘微屈，指尖遙與眉齊；左手虛叉左腰，沉肘平肩。

眼：眼神遙注右手中指尖。

身：束肋，拔脊，塌腰，周身包合，不可右探。

步：右腿露膝，左腿勿屈。

法：頂勁上提，襠勁下鬆而合，重心落在兩腳上。

右合式

【動作】連接上式，右腳尖略蹺起向左轉，轉到腳尖朝前踏實。兩手順自然之勢徐徐落下，身也隨同下矮。兩手落到兩股外側之後，再由左右徐起兩臂作弧形，肘勿伸直。同時領起全身，左腳收回，腳尖虛點於地，與右腳相距約一橫足。隨即由右手領動全身復徐徐下矮，兩手一順向右前方斜鬆出，相合於右前方。重心全落在右腳上。

【姿勢】

手：兩手相合于右前方，兩掌距離約與兩膝同。

眼：眼神注於兩手。

身：束肋，塌腰，周身包合，背勿彎，胸勿挺。

步：右膝露，右腳實；左膝微屈，左腳虛，相距約一橫足。

法：頂勁上提，襠勁下鬆而合，重心落在右腳上，氣要下沉。

【註】這是由懶紮衣到單鞭中間的一個變著，所以不列入五十八式之內。

4.單　鞭

【動作】連接上式，兩掌徐徐落下，全身隨同下矮，左腳向左邁一步落實，屈膝，腳尖斜向左前方。這時，左手從右肋處往上徐起，經過面部之前向左旋轉，轉到臂與肩平，指尖遙與眉齊，掌心斜向外。右手同時撮五指，指尖朝下，由前而右旋一小圈向右展出，臂與肩平，兩臂如「一」字。

當左腳落實後，右腳尖即向左轉順，與左腳成平行線。腰宜活，氣宜沉，動作時眼注左手中指流轉。

肩。

【姿勢】

手：左手在左，指尖遙與眉齊，右手在右，撮住五指朝下，沉肘平

眼：眼神遙注左手中指尖。

身：束肋，拔脊，塌腰，周身包合，不可左探。

步：左腿露膝，右腿勿屈。

法：頂勁上提，襠勁下鬆而合，重點落在兩腳上。

5.金剛搗碓

【動作】連接上式，左腳尖向左轉，轉到腳尖正向左方落實，屈膝。同時，手徐徐下落，左掌落到胸前，掌心向胸，右抄手變拳落到右股外側，拳心向股。上身要束肋活腰，隨著左腳向左方轉正，全身重心

落到左腳上。以下動作和第一次金剛搗碓完全相同。

【註】姿勢和第一次金剛搗堆完全相同，唯方向改為朝左。

6. 白鵝晾翅

【動作】連接上式，兩掌隨身下矮徐徐落下到兩膝前，先將重心落在左腳上，右腳向右橫邁一小步。同時，兩手由左上旋，經面前高與眉齊，眼隨手轉。左足收成虛腳，足尖點地，右足實，左足虛。兩手領住兩肘虛懸如晾狀。

【姿勢】

手：兩掌做「八」字形，高與眉齊，兩肘下沉。

眼：兩眼平視。

身：束肋，塌腰，背勿彎，胸勿挺。

步：右腳實，左腳虛，右膝屈，兩腳相距一橫足。

法：頂勁上提，襠勁下鬆而合，重點落在右腳上，氣要下沉。

7. 摟膝拗步

【動作】接上式，兩手腕相交隨身下矮至雙膝，分摟左腳，向左橫邁一步。同時，右手由右膝外大圈旋起，轉天庭前落與鼻準相照。左腳向左邁一步，右手由右膝外旋起劃一大圈轉天庭前落與鼻準（鼻子）相照，左抄手由左膝外旋起劃一小圈落於左腰間，手撮五指小圈旋起，合勁轉至左腰間。左腳落，右腳就原地向裡轉順與左腳成平行線，重心落於兩腳上。動作時眼隨右手流轉，腰宜活，氣宜沉。

【姿勢】

手：右肘下沉，右掌側豎與鼻準相照，掌心向左。左手撮五指虛攏左腰側，掌心向後。

眼：眼注右手中指尖。

身：束肋，塌腰，周身包合，背勿彎，胸勿挺。

步：左腿露膝，右腿勿屈。

法：頂勁上提，襠勁下鬆而合，重心落於兩腳上。

右收勢一

【**動作**】連接上式，左腳尖略向右轉踏實，兩手就原處下落（此時左手仍變為掌），右手經過腹下與左手一順向左前方上旋，旋到高與胸齊。同時，右腳先向左腳虛攏，隨後向右後斜退一步踏實，膝微屈。兩手同時領全身將重心移於右腳上，左腳收至右腳內前方，腳尖虛點於地。左掌在前，掌心向右，肘微屈；右掌收在胸前，掌心向胸，右臂成勾股形。動作時目光隨手流轉，腰宜活，氣宜沉。

【姿勢】

手：左掌在前，肘微屈。右臂成勾股形，右掌與胸齊。

眼：眼注左手。

身：束肋，塌腰，周身包合，背勿彎，胸勿挺。

步：雙膝微屈，右腳實，左腳虛，相距約一橫足。

法：頂勁上提，襠勁下鬆而合，重心落在右腳上。

【註】這是摟膝拗步到斜行摟膝拗步中間的一個變著，不在五十八式之內。

8. 斜行摟膝拗步

【動作】連接上式，全身徐徐下矮，兩手依自然之勢落於右股外側，左手就右方往上（開勁）再向左往下旋轉一圈，落於左股外側。同時，領左腳向左前方斜邁一步。右手繼左手往上（合勁）也是向右往下旋轉一圈，領右腳跟上靠攏左腳踏實。左腳隨即向左前方再斜邁一步，先要腳跟著地，俟落實後屈膝。同時，左手就原處（合勁）上起，再向右經過面前往下旋落，到胸下時，要恰好兩腕相交，左手腕在右手腕上。以下動作與第七式完全相同，不過第七式是正面的，這是斜面的，所以稱為斜行摟膝拗步。

【註】姿勢和正面摟膝拗步完全一樣。

右收勢二

【註一】動作和姿勢與第一右收勢相同，不過在第一右收勢動作裏面，右腳係向右後斜退一步，所以成斜面式，在這裡右腳須向右後正退一步，又回復成正面式。

【註二】這是斜行摟膝拗步到掩手捶中間的一個變著，也不在五十八式之內。

9. 掩手捶

【動作】連接上式，全身徐徐下矮，兩手依自然之勢落於右股外側，左手就右方往上（開勁）再向左往下旋轉一圈，落於左股外側。同時，領左腳向左正方邁一步。右手繼左手往上（合勁）也是向左往下旋轉一圈，仍落於右股外側。同時，領右腳跟上一步，靠攏左腳踏實。左腳隨即向左方再正邁一步，腳跟先著地，俟落實後屈膝。同時，左手就原處上起，再向右經過面前往下旋轉，轉過左膝外再迴旋一小圈，左掌掩在左肋前；右掌變拳也在同時由右向上旋起，右拳轉到右肩前，斜向左下經過胸前，對準左掌鬆出，左掌恰好掩住右拳。動作時眼隨右拳流轉，腰宜活，氣宜沉。

【姿勢】

手：左掌右拳合在左肋前，與膝相照。

眼：眼看兩手。

身：束肋，塌腰，周身包合，不可左探。

步：左腿露膝，右腿勿屈。

法：頂勁上提，襠勁下鬆而合，重心落於兩腳上。

10. 金剛搗碓

【動作】連接上式，兩手領全身向右做收勢旋轉，轉到身向正面為度，左掌對胸，掌心朝內，右拳落於右股外側。同時，左腳尖向內轉，轉到腳尖向正面為度；右腳收回虛攏於左腳內側，重心落在左腳上。以下動作和第一、第二兩個金剛搗碓相同。

【註】姿勢和第一、第二兩個金剛搗碓相同，方向和第一次金剛搗碓相同。

11. 披身捶

【動作】連接上式，右拳向左往下鬆，鬆到左肋外側，領動右腳虛收於左腳內側，勿著地，全身下矮，重心落在左腳上。同時，左手收到右肩前，與右手成兩臂抱合之形。然後右腳向右邁一大步（鬆襠），腳跟先著地，俟落實後屈膝，重心移在右腳上，上身極力向下矮。右肩經過右膝下向右上方旋起；同時，左掌變拳，與右拳由兩膝下分左右向上大圈旋起，右拳旋到右太陽穴，左拳轉到左胯上。左腳就原地腳尖向右轉順，與右腳成平行線。右拳與左肘、左腳尖三點落在一直線內。束肋，擰腰，頭向左擰，眼光經過左肘注射到左腳尖。

【姿勢】

手：右拳在右太陽穴，拳心向下。左拳在左胯上，拳心向外，肩肘向前。

眼：眼光經過左肘注射到左腳尖。

身：束肋，擰腰，周身包合，背勿彎，胸勿挺。

步：右腿露膝，左腿勿屈。

法：兩肩下鬆，重心落在右腳上，頷下收，襠合，氣宜下沉。

12. 青龍出水

【動作】連接上式，兩拳變掌，領動全身向左下方斜落，由左上方旋，經過胸前向右鬆出，右臂平肩，肘與膝相照；左手在右胸前，肘微屈，兩手虎口均向上。

兩腳原地不動，不過當兩手旋轉之時，兩膝要隨著身手一同活動，重心先左後右隨勁更換。眼光隨手流轉。

【姿勢】

手：右手在右，肘與膝照，掌心朝外。左手在右胸前，肘微屈，掌心朝內。

眼：眼看右手。

身：身法宜低，不可右探，束肋，塌腰，背勿彎，胸勿挺。

步：披身捶步法，原地不動。

法：頂勁上提，氣宜下沉，平肩，合襠，重心落在兩腳上。

13.肘底看拳

【動作】連接上式，左手上旋向後，領動全身。右腳就原地腳尖轉向左前方，重心落在右腳上。右手由下而左大圈旋起，領動左腳收回與右腳齊，腳尖虛點於地。當右手旋到右鬢前之時，左手已由上向左下落於左股外側，繼續再向右上旋，左掌側豎於左臉旁，掌心朝臉；同時右掌變拳，從右前向右下旋，轉到左肘之下，虎口虛承左肘。右腳尖也同時轉向左正方。眼隨左右兩手先後流轉。

【姿勢】

手：左掌側豎于左臉旁，掌心朝臉。右拳在左肘之下，虎口承肘，與左膝相照。

眼：眼向前看。

身：束肋，塌腰，周身包合，背勿彎，胸勿挺。
步：雙膝屈，右腳實，左腳虛，相距約一橫腳。
法：頂勁上提，襠勁下鬆而合，氣宜下沉。

14. 倒捻紅

【動作】連接上式，右拳變掌，兩手依自然之勢落於兩膝外側。左腳跟落實。以下動作俱見基本動作中。兩手先右後左互相旋轉各三次。同時，兩腳也是先右後左隨手起落，相間後退各三步。到最後左手左腳落下時身法宜低，略如太極起勢之狀，預備接著演練下一式。

【註】姿勢已見基本動作中。

15. 白鵝晾翅

16. 摟膝拗步

【註】以上兩式都是重著，一切動作姿勢，可參看第六和第七兩式。

17. 閃通背

【動作】連接上式，右腳先向左內收半步落實，左腳繼向右內收半步，腳尖虛點於地，相距一橫腳。同時，右掌領動肘和肩，隨右身側矮，掌落於兩腳中間，掌心朝左，重心落於右腳上，左手撮五指向後高起，手心向上，兩手上下相照，眼隨右手下視。閃通背動作至此為止（成姿勢）。以下乃轉勢動作。

右掌隨即領左腳起身上步，左手落在後下方，右手起在前上方。左腳在前，右腳在後，全身由右向後轉。右手落下，掩於右股外，乘勢領右腳下步，收到與左腳齊。當全身向後轉時，左手變掌隨身上旋，向右下落於右膝前，預備接著演練下一式。

【姿勢】

手：右掌在兩腳中間，掌心朝左。左手撮五指向後高起，手心向上。

眼：兩眼下視。

身：身法矮，背側向右，勿彎。

步：兩膝屈，右腳實，左腳虛，相距一橫腳。

法：頂勁提住，擰腰，合襠。

18.掩手捶

【註】這是重著，一切動作和姿勢可參考第九式。

19. 懶紥衣

【註】這也是重著，不過在上式掩手捶練完後，還有一種轉勢動作。左腳先就原地向後轉，兩手就原勢由上而下在胸前旋一小圈，領動全身隨左腳轉向正面，右腳虛收在左腳內側（重心落于左腳上）。以下的動作和姿勢，便與第三式完全相同。

20. 單　鞭

【註】這也是重著，一切動作和姿勢，可參考第四式。

21. 雲　手

【動作】連接上式，左腳尖向右轉，轉到朝正面為度。左掌領動右手變掌下落於右股外，以下動作和姿勢具見基本動作中。兩手先右後左互相旋轉各三次。同時，兩腳也是先右後左一收一邁，向左遞換各三步。到最後左手向左方旋轉時，正轉到與肩平為度，右手同時由下隨著左手也向左方鬆出，高與胸齊，肘屈，兩手掌心皆朝下。左腳最後左邁時，腳尖朝左正方落實，全身轉向左半面；右腳虛收在左腳內側，勿著地，預備接著演練下一式。

22. 高探馬

【動作】連接上式，右腳後退一步落實，左腳收回右腳前（略偏左方），腳尖虛點於地。同時，兩手下落，從左膝處起轉由右後方上旋，經過面部之前，仍向左前方自然鬆出，右手伏掌平落胸前，肘屈；左手引肘向左前方，仰掌舒收，肘與左腳上下相照。氣宜下沉，眼看左手中指。

【姿勢】

手：左手在前，仰掌舒收。右手伏掌在胸前，肘屈。

眼：眼看左手。

身：束肋，塌腰，背勿彎，胸勿挺。

步：右腳實，膝微屈；左腳虛，膝宜露，相距一橫腳。

法：頷下收，頂上提，合襠隱勢做高探狀。

23. 右插腳

【動作】連接上式，左腳外轉向背面落實，兩手領全身上右步左轉至背面落實，兩腳相距半步。同時，兩手先落於腹下，再用開勁由後旋起，以平肩為度，掌心朝下。眼神先注左手，重心落於左腳上。兩手先用開勁轉向胸前斜落於腹下，再用開勁經胸前旋轉起向左右分落，以平肩為度，掌心朝下，眼光移注右手。同時，右腳朝右掌心踢起，腳面與掌心接觸。

【姿勢】

手：兩手伏拳分展左右，與肩平。右掌心與右腳面接觸。

眼：眼看右手。

身：身法宜正直，背勿彎，胸勿挺。

步：左腳獨立宜穩，膝勿屈。右腳面宜平，與右掌心接觸。

法：頂勁上提，襠勁鬆開。

左插腳

【動作】連接上式，右腳外轉向正面就原地落實，兩手領全身上左步右轉至正面落實，兩腳相距半步。同時，兩手先落於腹下，再用合勁由後旋起，以平肩為度，掌心朝下。

眼神先注右手，重心落於右腳上。兩手先用合勁轉向胸前斜落於腹下，再用開勁經胸前旋起向左右分落，以平肩為度，掌心仍朝下。眼先注左手，同時左腳照左掌心踢起，腳面與掌心接觸。

【姿勢】

手：兩手伏掌分展左右，與肩平。左掌與左腳面接觸。

眼：眼看左手。

身：身法宜正直，背勿彎，胸勿挺。

步：左腳獨立宜穩，膝勿屈，左腳面宜平，與左掌心接觸。

法：頂勁上提，襠勁鬆開。

24.左蹬一腳

【動作】連接上式，左腳收回附於右膝內側，右腳用腳跟向左轉到背面。同時，兩掌變拳收回相抱胸前，兩肘屈，右拳在左拳外，拳心均向胸。乘勢領動全身轉向背面蹲下，左腳尖虛點於地，眼向左看（以上為轉勢動作）。隨即將身上起，左腳屈起向左橫足蹬出。同時，兩拳下旋分向左右展臂鬆出，與肩平，虎口朝下。右腿獨立，膝微屈。

【姿勢】

手：兩拳兩臂合勁平展於左右，與肩平，虎口朝下。

眼：眼看左方。

身：身法宜低，背勿彎，胸勿挺。

步：右腳獨立宜穩，膝微屈。左腳橫踹宜平。

法：頂勁上提，襠須鬆開。

25. 青龍戲水

【動作】連接上式，左腳落地，左拳落於左股外側，右拳用合勁由上向左大圈下旋，領右腳跟上一步。左腳隨即向前再邁一大步，腳跟先著地，落實後屈膝。同時，左拳用合勁由上向右大圈下旋，轉到左腰之後，手背向下；右拳仍照前法大圈旋轉，向左腳面下鬆，手背朝前。身向左下，重心落於左腳上，眼隨手轉。

【姿勢】

手：右拳下指左腳面，手背向前。左拳在左腰後，手背向下。

眼：眼看左腳尖。

身：束肋，擰腰，身法宜低，不可彎腰，背勿彎，胸勿挺。

步：左腿露膝，右腿勿屈。

法：頂勁上提，襠勁下鬆而合。

26. 踢二起

【動作】連接上式，兩腳就原地（先右腳後左腳）由右向後轉，重心移於右腳。右拳大圈旋起，向後平展，領動全身也由右向後轉，身法要低。

左拳變掌隨右手上旋向後，領左腳屈膝平起，高旋右膝內側，左手仍落到身後；同時，右拳也變掌下落向後，上起向前，再旋一大圈，旋到平肩為度，乘勢領起右腳躍向右手（在左腳未落地之前），腳面接觸掌心，眼往前看，便成踢二起姿勢。

左腳就右腳原地內側落下後，便接演下式懷中抱月。

【姿勢】

手：右手伏掌在前，掌心與腳面接觸。左手仰掌在後。

眼：眼看前方。

身：身宜穩，背勿彎，胸勿挺。

步：右腳面要平，與右掌接觸。左腿膝平屈虛懸空中。

法：擰腰轉身要活潑，踢起時頂勁須往上撞。

27. 懷中抱月

【動作】連接上式，右腳踢起之後，即外轉向正面落下，重點移在右腳上。兩掌下落變拳，從兩股外側旋起，領動全身轉向正面下矮，右拳旋至當胸，左拳旋至當腹，兩拳心上下相對。同時，收回左步，腳尖虛點於地，與右腳相距一橫腳，氣宜下沉。

【姿勢】

手：右拳當胸，左拳當腹，兩拳心相對，平肩沉肘。

眼：眼向前看。

身：束肋，塌腰，背勿彎，胸勿挺。

步：右腳實，膝微屈；左腳虛，膝宜露，相距一橫腳。

法：頂勁上提，襠勁下鬆而合。

28. 左踢一腳

【動作】連接上式，重心仍在右腳上，眼看左方。兩手開勁上旋，向左右平展，虎口朝上。同時，領左腳向左上踢，腳面宜平，便成左踢一腳姿勢。左腳一踢之後，立即由前方而右繞至背面，落於右腳內側，右腳同時向後轉順，相距一橫腳。兩手也同時合勁下落交於腹前（左手在右手外），再由下後方分向左右上旋，兩拳扣至兩鬢角（是名雙峰貫耳）。全身下矮，重心落於左腳上，預備接演下式。

【姿勢】

手：兩拳左右平展，虎口朝上。

眼：眼向左方。

身：身宜直，背勿彎，胸勿挺。

步：右腳獨立宜穩左腳向左上踢，腳面宜平。

法：頂勁上提，襠勁鬆開。

29. 右蹬一跟

【動作】連接上式，眼看右方，束肋鬆襠，右腿屈起向右橫足蹬出。同時，兩拳領兩臂合勁下旋，向左右猛鬆，以平肩為度，虎口朝下，便成右蹬一跟姿勢。右腳一蹬之後，立即收回屈附左膝內側。同時，兩手先屈肘收回，兩拳抱合胸前（左手在右手上），乘勢領動全身向後而左轉至正面，預備接演下式。

【姿勢】

手：兩拳合勁平展左右，虎口朝下。

眼：眼看右方。

身：身法宜低，背勿彎，胸勿挺。

步：左腳獨立宜穩，膝微屈。右腳向右橫踹宜平。

法：頂勁上提，襠勁鬆開。

30. 掩手捶

【動作】連接上式，右腳猛落跺地（是名恨腳），重心即落在右腳上；左腳向左方正邁一步，腳跟先著地，俟落實後屈膝，重心移於左腳上。右拳就原處由右向上旋起，轉到右肩前即斜向左下方鬆出；左掌落到左肋前，並乘勢領右腳尖向內轉順，與左腳成平行線。左拳變掌也就原處同時向下左旋，轉到左肋前，掌心恰好掩住右拳（參看第9式）。

【註】這是重著，姿勢和第9式完全相同。

31. 小擒拿

【動作】連接上式，右腳上步靠攏左腳，左腳向前邁一步，腳跟先著地，俟落實後屈膝。左手往上撩，經過面前屈肘豎掌於左臉外，肘與左膝相照；同時，右拳變掌上提旋回，旋至右肩前，經過胸部向右肱下側掌推出。

束肋擰腰，動作時眼隨右手流轉。

【姿勢】

手：左掌側橫左臉外，掌心斜向內，肘與膝照。右掌在左肱下，掌心向外，肘平。

眼：眼看右手。

身：身法宜低，背勿彎，胸勿挺。

步：左腿露膝，右腿勿屈。

法：頂勁上提，襠勁下鬆而合，氣宜沉，重點落於兩腳上。

32. 抱頭推山

【動作】連接上式，左腳尖向右轉，同時，全身下矮擰腰，隨左腳向右轉，重心全落在左腳上；右腳隨即屈膝提起，身亦隨之略起。兩手下摟右膝，分向左右上旋，從兩耳後抱頭豎掌向前推出。右腳同時前邁一步落地，重心落於兩腳上，眼看兩手。

【姿勢】

手：兩掌豎於右前方，與右膝相照，虎口相對。

眼：眼看兩手。

身：束肋，塌腰，身法宜低，背勿彎，胸勿挺。

步：右腿露膝，左腿勿屈。

法：頂勁上提，襠勁下鬆而合，氣宜下沉。

右合式

這是由抱頭推山到單鞭中間的一個變著，不在五十八式之內。一切動作與姿勢和第三式懶紮衣後面的右合式完全相同。

33. 單　鞭

【註】這是重著，一切動作與姿勢完全和第四式相同。

34. 前招後招

【動作】連接上式，左掌從原處隨身法引動胸腹向前旋轉一小圈，仍落到原處，肘勿屈。旋轉時要領動左半身，並且右半身也要隨勁相應，眼看左手，重心落在左腳上，這是前招。前招演畢，眼光移注右手，右手變掌，也照左手同樣方法在原處旋轉一小圈，重心落在右腳上，便是後招。

【姿勢】

手：兩手在單鞭式原處，掌心均向前。

眼：前招眼看左手，後招眼看右手。
身：束肋，塌腰，身法宜端正，勿左右探，背勿彎，胸勿挺。
步：兩腳在單鞭式原地不動，前招勁落在左腳，後招勁落在右腳。
法：頂勁上提，襠勁下鬆而合。

左收式一

【動作】連接上式，左腳尖向右轉，屈膝，重心落於左腳上。左手向上領動全身隨左腳向右旋，掌落胸前。然後兩手一順由下而上旋轉一周，仍落於原處。同時，領右腳虛收於左腳前，腳尖點地，相距一橫腳。動作時眼隨兩手流轉。

【姿勢】

手：右掌在右前方，肘微屈；左臂成勾股形，掌與胸齊，兩掌虎口均朝上。

眼：眼看右手。

身：束肋，塌腰，周身包合，背勿彎。

步：雙膝微屈，左腳實，右腳虛。

法：頂勁上提，襠勁下鬆而合，氣宜下沉。

【註】這是前招後招到野馬分鬃中間的一個變著，不在五十八式之內。

35.野馬分鬃

【動作】連接上式，兩手先右後左徐落兩股外側，以下動作和姿勢，具見基本動作中。兩手先右後左互相旋轉各三次。同時，兩腳也是先右後左隨手前進各三步。到最後左腳落地時，右手領全身向左前方跳上一步，左腳也同時跟上，右腳再前進一小步，接著便演右合式。

【註】初學照此練法，練成後，此處的右合式和下面的單鞭都可省去。在前跳一步後，便可接演左收式二。

單 鞭

【註】這是重著，一切動作和姿勢，可參看第四式。因為熟練後這一著可省去，所以不列入五十八式之內。

左收式二

【註】這也是前後兩式中間的一個變著，不在五十八式之內。動作和姿勢與左收式一相同，只少了前面（左腳右轉，左手領全身右轉）的一段動作。

36. 玉女穿梭

37. 懶紮衣

【動作】連接上式，右腳略向前邁，腳跟先著地然後落實。同時，左掌從右臂上面向前推出（肘伸直），領動全身右轉向背面。左腳隨左手方向前跳一步（成姿勢一）。

右掌隨落左肋前，左手屈肘虛護右臂外。同時，左腳就原地向後轉，右腳隨同向後邁過左腳內側落地，全身又轉向正面（成姿勢二），以下便接演懶紮衣（動作和姿勢同第三式）。

【姿勢一】

手：左手平伸左方，與肩平。右手在胸前，肘屈平，兩掌虎口均朝上。

眼：眼看左手。

身：身向背面，宜正宜穩，背勿彎，胸勿挺。

步：左腿露膝，右腿勿屈。

法：頂勁上提，襠勁下鬆而合，重心落於左腳上（接演下式）。

【姿勢二】

手：右掌掩於左肘前。左手屈肘虛護右臂外。

眼：眼向前看。

身：身向正面，宜正直，背勿彎，胸勿挺。

步：右腿露膝，左腿勿屈。

法：頂勁上提，襠勁下鬆而合，重心落於兩腳上。

【註一】玉女穿梭的動作，實是向前跳躍。全身打一旋轉，所以先是身向背面，後來又轉向正面。如今把它分作兩個姿勢，以便初學者看得清楚一點。

【註二】玉女穿梭的前躍轉身和接演懶紮衣，動作都是很迅速的，中間不能稍有停留，所以把這兩式併在一起。

右合式

【註】這是變著。一切動作和姿勢與第3式後面的右合式一樣。

38. 單　鞭

39. 雲　手

【註】這兩式都是重著，一切動作和姿勢，參看第4式、第20式、第21式及基本動作中的雲手。

40. 擺腿跌岔

【動作】連接上式，雲手演到最後，左腳向左邁步落地時，腳尖向左正方，右腳跟上靠攏左腳落實。同時，兩手依自然之勢落於兩股外側，再一順向左旋起，轉右下落（肘勿屈，兩掌心斜向左方）。當兩手旋到右上方時，左腳再向左前方斜邁一步，重心落於左腳上。兩手再照前法向左旋起，在上方旋一小圈，兩掌一順斜向左前方。同時，右腳向左前方斜飛起，腳尖與兩掌一觸而過，擺向右方屈膝平足收回，懸靠左膝內側，便成擺腿姿勢。隨即右腳跌恨腳，落於左腳原地位上，左腳在右腳未落地之前提起；同時，右腿屈膝全身往下坐，左腳跟著地，腳尖蹺起，向左前方斜伸出。右手屈肘放平收回，伏掌於右耳側；左手下落，伏掌於左膝上，便成跌岔姿勢。左掌即由左膝上順著小腿向腳面往前一推，領全身向前移。左腳落實屈膝，重心落於左腳上。同時，右掌也斜向下方往前上推，合襠領右腳上步，腳尖虛點於地，與左腳相距一橫腳。兩掌橫指相合收到胸前，掌心相對，全身下蹲，預備接演下式。

【姿勢一（擺腳）】

手：兩手一順在左前方，與肩平，肘勿屈，掌心向下。

眼：眼看兩手。

身：身宜正直，背勿彎，胸勿挺。

步：左腳獨立宜穩，膝微屈。右腳屈膝，平足附於左膝內側，足與左膝齊。

法：頂勁上提，襠勁下鬆而合。

【姿勢二（跌岔）】

手：左手伏掌左膝上，肘直。右手伏掌於右耳側，肘平屈。

眼： 眼看左腳尖。

身： 束肋，塌腰，全身下坐，背勿彎，胸勿挺。

步： 左腿依地直伸左前方，腳跟著地。右腿屈膝下蹲。

法： 頂勁上提，襠勁左右分展，重點落於右腳上。

41. 金雞獨立

【動作】連接上式，右手領右半身徐起，右掌從右臉側上托至頭頂（肘勿過直），五指斜向後方。同時，右腳隨身屈膝平起，足與左膝齊。左手往下平落於左股外側，五指朝前，便成金雞獨立。右掌經過左耳後往下落。右腳右跨半步，隨右手同時落下；左腳虛收右腳內側，腳尖點地，相距一橫腳，此時全身下蹲，重心落於右腳上。左手領左半身徐起，左掌經過胸前時，與右掌一上一下相合而過；右掌往下平落於右股外側，左掌往上經過左臉側托至頭頂（肘勿過直），五指斜向後方。同時，左腳隨身屈膝平起，足與右膝齊，便成右金雞獨立。隨後左掌經過左耳後與左腳同時落下，左掌落於左股外側。此時略如預備姿勢，唯身法較低。

【姿勢】

手：右掌在頭頂上，五指斜向後方。左掌在左股外側，五指朝前。

眼：眼向前平視。

身：束肋，塌腰，身宜正直，背勿彎，胸勿挺。

步：左腳獨立宜穩。右腳屈膝靠左膝內側。

法：頂勁上提，襠勁須扣合。

【註】右式姿勢中，所有右字都改成左字，左字都改成右字，便是左金雞獨立姿勢。

42. 倒捻紅
43. 白鵝晾翅
44. 摟膝拗步
45. 閃通臂（初學時在這下面還要演練掩手捶一式）
46. 懶紮衣
右合式
47. 單　鞭
48. 雲　手
49. 高探馬

【註】以上諸式都是重著，一切動作姿勢，可參看第14到22各式。

50. 十字手

【動作】連接上式，左手翻掌就原處旋一小圈，平伸於左肩前，掌心朝下，略斜向左方。隨即將身下矮，鬆襠領左腳向左橫邁一步，重心落於左腳上。

同時，右手與左手一順旋至左肋旁，掌心朝下。乘勢領右腳向左前方斜飛起，腳尖與左掌一觸而過（至此便成十字腳姿勢），擺向右方屈膝平足收回，懸靠左膝內側預備接演下式。

【姿勢】

手：右手伏掌左肋旁。左手平伸左肩前，高與肩齊，掌心朝下。

眼：眼看前方。

身：身宜直，背勿彎，胸勿挺。

步：左腳獨立宜穩，膝微屈，右腳飛起前方。

法：頂勁上提，襠勁下鬆而合。

51. 指襠捶

【動作】連接上式，當右腳屈膝收回時，右手摟右膝落於右股外側，乘勢領動全身束肋擰腰（左腳獨立在原地）向後轉；左手屈肘旋到右胸前，虎口朝胸。等到全身轉至右正方時，右腳與左腳相跌成恨腳換步，重心落於右腳上，左腳向左橫邁一步。同時，兩掌變拳，由膝下向左右分摟，左拳合勁旋小圈落於左腰間（虎口朝內），右拳合勁大圈轉到前方向下斜鬆出，拳背朝前下指，與兩腳取三角形。重心落在兩腳上，眼看右拳。

【姿勢】

手：左拳在腰間，右拳下指襠前方，與兩腳取三角形，拳背均朝外。

眼：眼看右拳。

身：身宜直，背勿彎，胸勿挺。

步：左腿露膝，右腿勿屈。

法：頂勁上提，襠勁下鬆而合，氣宜下沉。

52. 黃龍攪水

【動作】連接上式，兩拳領兩肘向兩肋下合，全身隨之下矮，重心落到左腳上。右腳向左虛收勿著地，經過左腳邊（矮身鬆襠，束肋擰腰）向前跳一步，左腳跟上一起落實。同時，右臂開勁旋一小圈，右拳隨動向前鬆出，高與肩齊，肘勿過直；左手屈肘也向前方微送出，此時全身復向正面，重心落到兩腳上。

【姿勢】

手：右拳平伸右方，高與肩齊；左肘平屈胸前，左拳在右胸前，兩手虎口均朝上。

眼：眼向右看。

身：身法宜低，背勿彎，胸勿挺。

步：兩膝微屈，相距一橫腳。

法：頂勁上提，襠勁下鬆而合。

左合式

【動作】右腳向右邁一小步，左腳跟上，腳尖虛點於地，相距一橫腳。同時，兩拳變掌順自然之勢落於兩股外側。以下動作和姿勢參看第

3式下面的右合式。

53. 單　鞭

【註】這是重著，一切動作和姿勢，均與第4式相同。

54. 鋪地錦（原名雀地龍）

【動作】連接上式，兩手領兩肩兩胯鬆下，周身隨同向右後坐下。右腳在原地屈膝，左腳在原地將腳尖豎起，腿伸直平鋪於地。左手豎掌落在左脛上，右手撮五指高領於後方。眼看左腳，周身虛領，不可傾側，以備下勢動作容易向前起。

【姿勢】

手：左手豎掌在左脛上，掌心對住左腳面。右手撮五指高領於後方。

眼：眼看左腳。

身：束肋，塌腰，背勿彎，胸勿挺。

步：右膝屈，左腿鋪地，腳尖豎起。

法：頂勁上提，襠勁下鬆而合，周身虛領。

55. 上步七星

【動作】連接上式，右手變掌隨同左手向前上推，乘勢領全身向前上起，重心落於左腳上，右腳隨右手屈膝平起。當兩手起至天庭前時，右掌由左掌外繞至左掌內，兩腕相交於天庭前。同時，右腳下落，腳尖虛點於地，與左腳相距一橫腳。

【姿勢】

手：兩腕相交於天庭前，左手在外，掌心向右。右手在內，掌心向左，兩手背相對。

眼：眼向前看。

身：束肋，塌腰，背勿彎，胸勿挺。

步：左膝微屈，右腳尖虛點於地，膝宜露。

法：頂勁上提，襠勁左右分展，周身虛領。

56. 下步跨虎

【動作】連接上式，兩手相黏，翻掌下落於腹前，左手在右手之上，掌心均向上。乘勢全身（束肋活腰）向右後方下矮，右腳也同時向右後方退一步落實，重心落於右腳上。兩手向膝下左右分摟上旋。乘勢領左腳屈膝收回，腳尖虛點於地，與右腳相距一橫腳。右手從右膝外上轉至天庭前，豎掌向左；左手從左膝外上轉，撮五指落於左胯外。動作時眼隨手轉。

【姿勢】

手：右手豎掌天庭前，虎口對天庭。左手撮五指落於左胯外，手背朝前。

眼：眼向前看。

身：束肋，塌腰，上體正直，下體低屈，背勿彎，胸勿挺。

步：右膝微屈，左腳尖虛點於地，膝宜露，相距一橫腳。

法：頂勁上提，襠勁下鬆而合，氣宜下沉。

57.轉身擺腳

【動作】連接上式，右手下落腹前，與左手一同向前、向上領起。乘勢領左腳前邁一步，腳跟落地即向右後轉（仍舊是兩手領動全身）；

轉到身向背面時，右腳順勢收回與左腳取齊，向右方邁半步。同時，兩手由面前下落，周身也隨手下矮，束肋塌腰，兩手落到腹前即向左右分開，旋一小圈合收於腹前，兩掌心均朝下，此時重心落到左腳上。

兩手一順向左大圈旋起，在上方連旋一小圈（兩掌一順斜向左前方）。同時，領右腳向左前方斜飛起，腳尖與兩掌一觸而過，擺向右方屈膝平足收回，懸靠左膝內側（此處可參看第40式擺腳跌岔）。左手平伸左前方，高與肩齊，掌心朝下；右手屈肘與左手同方向，掌心也是朝下。

【姿勢】

手：兩手伏掌斜鬆於左前方，左手伸臂，右手屈肘。

眼：眼向前看。

身：身法端正，背勿彎，胸勿挺。

步：左腳獨立膝微屈，右腳旋靠左膝內。

法：頂勁上提，周身虛領。

58. 當頭炮

【動作】連接上式，兩掌變拳向右後下旋，領全身束肋擰腰向右後方下矮。同時，右腳也向右後方斜退一步落實屈膝，重心即落於右腳上；左腿伸直，腳尖轉順。兩拳一順由右膝下旋起，右拳旋至右鬢角，虎口向右太陽穴；左拳在左眉前，虎口向左眉。眼看左拳，上身略偏向左方。

【姿勢】

手：右拳在右鬢角，虎口向右太陽穴。左拳在左眉前，虎口向左眉。

眼：眼看左拳。

挺。

身：身法宜低，坐右向左，束肋，塌腰，周身包合，背勿彎，胸勿

步：右膝屈，左腿伸直，兩腳相距一步。

法：頂勁上提，襠勁下鬆而合，氣宜下沉。

【註一】如果連接再練第二遍時，便就上式姿勢，兩手由右後下落，復向左前大圈旋起。乘勢領全身移向左前方，右腿伸直，左腿屈膝，重心落於左腳上。左拳變掌旋至胸前，右拳領右腳屈膝平起，便接演金剛倒碓。

若不練第二遍，便將右拳也變掌，與左手一同落下，垂於兩股外側。右腳也隨手下落，恢復第一式（太極拳起勢）的姿勢。

【註二】一般拳術練到收式時，多半都是回到起勢的原地點原方向。唯此拳收勢的方向，恰和起式對換。如起式是朝東，收式便是朝

西，其原因是便利連接練習的。倘使連演兩遍，收勢便會回到起勢原地點原方向。

假使只練一遍，而仍要回到原方向，只要在演練轉擺腳的時候，周身多轉半圈，一樣可以回到原方向。不過這樣練到純熟後，才可以隨時變化，初學還是不必回到原方向為佳。

太極拳之擠手

擠手一謂葛手，即楊與諸派所稱為推手也。蓋掤攦擠捺四字，是兩人相交手運用周身之妙法也。吾師嘗曰：拳術之道剛柔而已，搗手亦然。彼以剛來我以柔應，柔中寓剛，人所難防。其要點是剛柔互用。快慢咸宜，與練拳致用者相吻合。

擠手歌訣

掤攌擠捺須認真，周身相隨人難進。任人巨力來攻擊，牽動四兩撥千斤。引進落空合即出，沾連黏隨就屈伸。

練習擠手的步驟

1. 定步（一）順步（二）拗步
2. 換步（三）單步（四）雙步
3. 活步（五）順步（六）大捋

圖四十六　掤

掤

何謂掤？如敵人以兩手來捺，我以右胳膊從右肋處卸下（必右腳與右手一齊卸下），是謂之掤。掤之下勢即為攦。

掤者以吾一隻右肱捧他人雙手也。應先屈我之右肱小胳膊，自下從上捧之，是之謂掤。

圖　四十七　搌

搌

何謂搌？當右手右足往下（下即往後撤也）卸之時，右胳膊掤敵人之兩手，即以左手搭往敵人之大胳膊，我之左右手一齊往我之右面引之，使彼進，是之謂搌（蓋是我以搌之法明露其空，彼視為得機得勢，必前進來擊）。

【註】搌這裡當「捋」用。搌這裡讀做葛（ge）。

圖　四十八　擠

擠

何謂擠？如我以兩手握人之右肱，人即以右肱前進擊我，是之謂擠。

圖　四十九　捺

捺

何謂捺？如兩人交手時，敵人先以兩手欲推倒吾，我以一右肱掤人之兩手，彼既不得勢，隨以兩手捺吾之右肱，是之謂捺（大率掤與攦皆屬應敵人之方，擠與捺皆屬擊人之用）。

以上所言是右方面，左方面亦然。彼捺我，我掤之；我攦彼，彼擠之；我捺彼，彼掤之；彼攦我，我擠之。只此四字循環無窮，學者必先學打拳，待功夫既久，裡面稍有中氣貫乎胳膊之中，兩人對手，皆知用行進法，不用橫氣（血氣之氣，謂之橫氣）。此時一來一往，天機稍覺活動，千變萬化，盈虛消息，略有可觀，勝者知其所以勝，負者知其所以負，然後始覺耍手之妙，全在平居（時）耍拳。拳之中無理不具，是中氣之全體也，耍手乃中氣之大用也。用心打拳，拳到成時自然會耍手（耍手即搕手）。

吾師又曰：練拳用功斷斷不可先學耍手，否則敗壞之門，終身無以入德矣！但欲先學搕手，如孩提未能立而先學走，未有不仆者也。捨本求末，是事先難而先獲也，不知先後，焉能近道？打拳是第一要功，不先打拳皆是畏難苟安，不能循序漸進，而欲躐等以求是，猶不以規矩而欲成方圓，如是者皆為大匠所弗尚。

擠手十六目

較（較就是較量高低），接（就是兩個人的手互相接連），沾（沾就是手和手相沾著），黏（黏就是如膠漆的黏性一樣，假如別人一黏我手就和膠漆黏著一樣，不讓他離去），因（因就是利用別人的攻擊），依（依就是我總要靠住別人的身體），連（連就是我的手和別人的手互相接連），隨（隨就是隨著別人的情勢去發確我的進退），引（引就是牽引別人讓他靠近於我），進（進就是叫別人進前來，絕不能讓他逃去），落（落就是像樹葉落地一樣），空（空字讀去聲，就是別人要來攻擊我的時候讓他落到空虛的地方），得（就是我得到的機會或情勢），打（就是我得到可打別人的機會情勢便乘機打他），疾（就是非常的快，當得到可以進攻的機勢，便用非常快的手段去打他），斷（就是果斷，倘若遇到機會就毫不遲疑地去打他，稍一遲延就失去機會而不能打了）。

【註】掤、攦、擠、捺四個字是擠手的大綱，十六目是大綱中的十六個條目，一個字有一個字的單獨意思，一個字就是一句，不能連到一起成句去講的。

中華民國三十三年四月一日初版

太極拳精義

定價：　元

著作者　陳溝陳子明

發行人　周學禹

出版者　西北文化出版社

社址：城固大西關43號

印刷者　西北文化出版社印刷部

經售處　全國各大書局

太極拳流派發展衍變圖

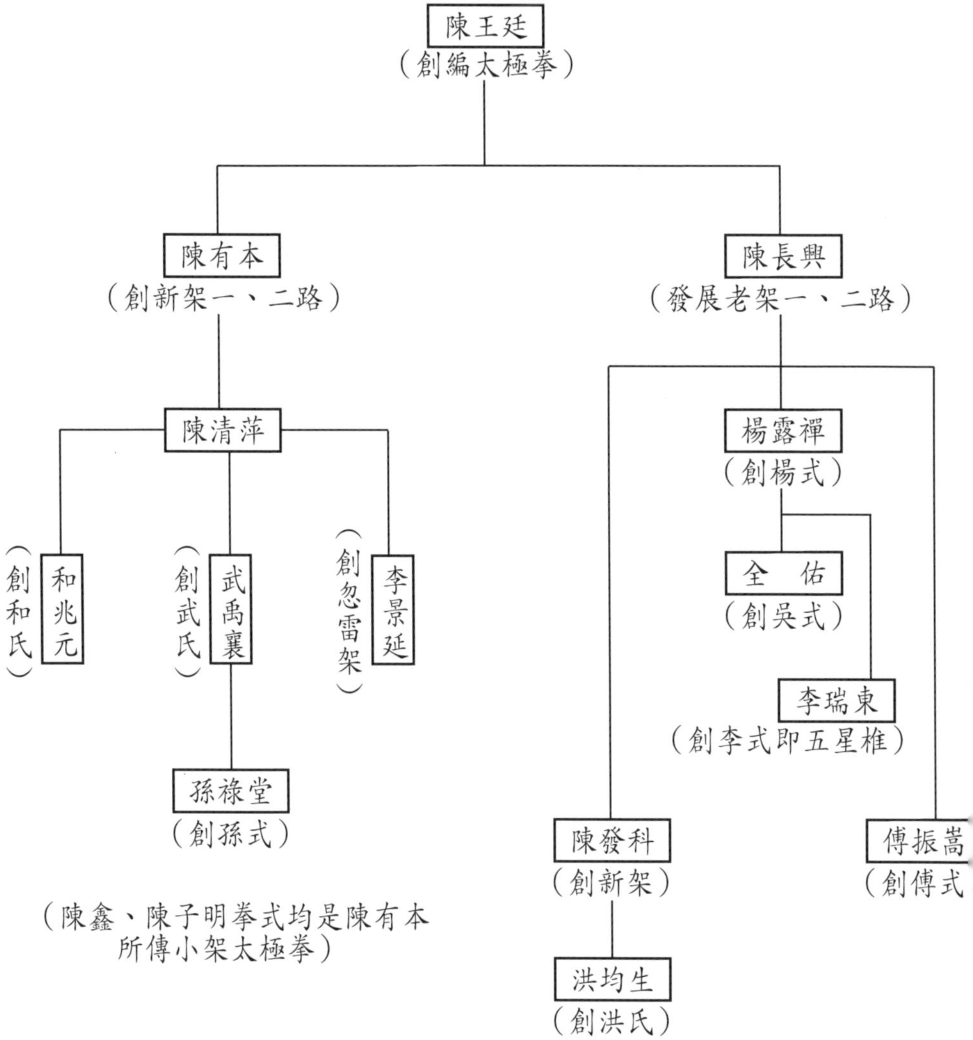

註：陳發科、傅振嵩均從學於陳氏十六世陳延熙。
因陳發科晚年所傳架勢人亦稱新架，故將陳有本所創「新架」亦稱小架。

陳有本師承傳遞表

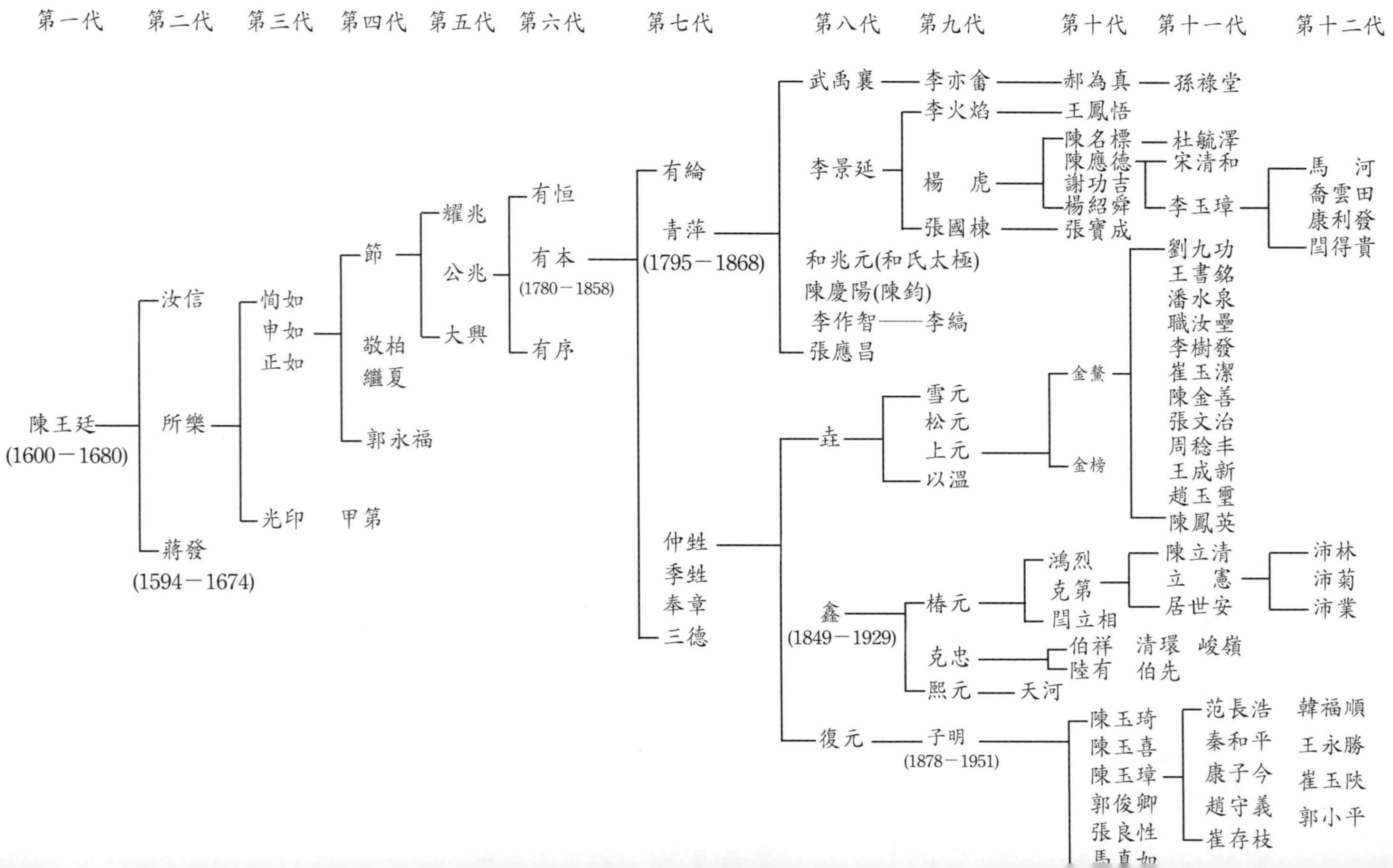
第一代
第二代
第三代
第四代
第五代
第六代
第七代
第八代
第九代
第十代
第十一代
第十二代
陳王廷
(1600－1680)
汝信
所樂
蔣發
(1594－1674)
恂如
申如
正如
光印
甲第
節
敬柏
繼夏
郭永福
耀兆
公兆
大興
有恒
有本
(1780－1858)
有序
有綸
青萍
(1795－1868)
仲甡
季甡
奉章
三德
武禹襄
李亦畬
郝為真
孫祿堂
李景延
李火焰
王鳳悟
楊　虎
陳名標
陳應德
謝功吉
楊紹舜
杜毓澤
宋清和
李玉璋
馬　河
喬雲田
康利發
閆得貴
張國棟
張寶成
和兆元(和氏太極)
陳慶陽(陳鈞)
李作智——李縞
張應昌
垚
雪元
松元
上元
以溫
金鰲
金榜
劉九功
王書銘
潘水泉
職汝壘
李樹發
崔玉潔
陳金善
張文治
周稔丰
王成新
趙玉璽
陳鳳英
鑫
(1849－1929)
椿元
鴻烈
克第
閆立相
陳立清
立　憲
居世安
沛林
沛菊
沛業
克忠
伯祥
陸有
清環
伯先
峻嶺
熙元
天河
復元
子明
(1878－1951)
陳玉琦
陳玉喜
陳玉璋
郭俊卿
張良性
馬直如
范長浩
秦和平
康子今
趙守義
崔存枝
韓福順
王永勝
崔玉陝
郭小平

陳堂（玉琦）師承傳遞表

- 陳堂
  - 王勝利
    - 陳愛玲　張正維　曹應周　王艷　胡寶安　李緯　蔣詒生　施建華
      - 鄭毅
      - 吳永豹
    - 郭源　馬永鏡　孫萬學　強士軍　張廣欽　張志信
      - 劉耀華　黃福全　余斌
      - 張鬧——張囡
    - 程賓　周明耀　王安民　李隨章　朱銀社　沈春添　周啟祥
      - 周金萍
      - 王召民
    - 張旭　王燕　王婷　白宇　王坤　李勝　趙秀雲　任凱坤
      - 劉旭榮——劉洋
      - 任濤　高揚　賀志道
    - 王金亮　張繼偉　尚毅　郭寶民　張曉華　許松　周鑫　韓樹嶺　蔣鳳琴——徐權
    - 楊嘯　梁金香　李江　趙亞彔　衛欣陽　郭德清
      - 郭鵬程　郭萬里
      - 郭長征　邵玉柱——邵天華
    - 鄭杰丹　何正堯　王濤　張建民　何松華　盧偉華　吳亮　丁哲　王翰宏——王凱
    - 崔超　陳安強　范明　馬春林　楊江峰　趙曉光　張保全　馬曉斌　潘偉——陳發琪
    - 馮立永　王洪亮　王萬超　段樂　王常偉　李紅軍——李嘉偉　王曉燕——鄒偉光
    - 李亞峰　張曉偉　陳兵　陳友強　劉露　黃世強——黃種軍　黃景輝
  - 職寶貴
    - 閻安　郝文勇　黨志民　職麗　呂童桐　王龍　職永良　王斐　劉育坤　王瑞鑫　職慧　楊正軍
    - 藍德旺　王智中　張志斌　聶雪霞　李海山　荊明安　錢遠明　李欣　荊磊　宋文靜　阿偉　李壯
  - 鄭福祥
    - 南鳴　王武周　楊文善　馬明存　徐雲齊　張建安　阮海峰　張岩石
  - 陳春生
    - 染旭輝　高原　鄒偉建　鄭旭　周漢東　陳恒　李秋貞　馬烈　張一鳴　李岳　金保林
    - 程英　陳東山　曹偉文　楊峰　陳小平　鄭少梅　劉志根　陳翔　江啟祥　李智輪
    - 江爵滿　陳乃然　麥苑東　陳景文　吉榮東　梁金棠　鐘鳴　林志海　丁永星　陳注希
    - 曾鵬　李勍松　李智澤　李易柱　周肖容　馮敬恒　曹建勛　黃建華
  - 劉德軒
    - 王書田　張亮珠　梁群嶺　趙學法
      - 趙學勝　趙國祥　齊輝　馬華
      - 陳曉光　趙春祥　付寶讓
    - 劉曉紅　馬振發　曹國哲　杜瑞金　楊廣德
      - 于大治
      - 張同官
  - 柯宏信
    - 陳俊虎　江宏偉　王美蘭　羅小明　郭峰笙　趙震洪
  - 桂春民　王策　郭瑞金　段勝利　劉博武　趙雁軍　任建華　王韜
  - 程德成　馬建平　樊紅　趙振賓　牛小強　趙志忠　苗玉陣
  - 苗玉陣
    - 張朝陽　梁宇開　楊文才　賈曉峰　王新社　王國軍
    - 董建勤　李國華　郭民　台愛民　趙時勛　賈凱旋

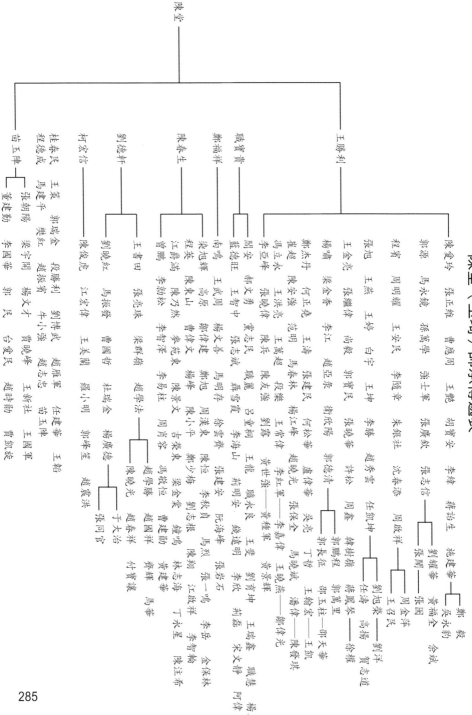

陳長興師承傳遞表

第一代　第二代　第三代　第四代　第五代　第六代　第七代　第八代　第九代　第十代　第十一代

- 陳王廷（1600—1680）
  - 所樂—光印—善志
    - 秉壬
    - 秉旺—長興（1771—1853）
      - 耕耘
        - 延年
          - 陳連科
            - 陳照丕
              - 陳世通、陳小旺、陳正雷、王西安、陳慶洲、陳克森、陳小興、陳小松、朱天才、冉光耀
            - 陳照梅
          - 陳登科
        - 延熙
          - 陳發科（1887—1957）
            - 陳照旭
            - 陳照奎
              - 陳　瑜、馬　虹、張茂珍、萬文德、馮逸民、楊杰人、竇漢東、張才根、都文才
            - 洪均生
            - 顧留馨
            - 沈家楨
            - 田秀臣
            - 雷慕民
            - 李陰悟
            - 馮志強
            - 李劍華
            - 肖慶林
            - 楊易辰
              - 白悅本
              - 唐立民
              - 司馬國柱
          - 傅振嵩
          - 陳田科
          - 陳田峻
          - 杜毓澤
          - 陳寶璩
          - 陳省三
          - 陳居銘
          - 陳炯銘
          - 陳盼銘
          - 王　平
          - 王　雁（1900—1980）
            - 王　曄
            - 朱流群
            - 王長江
        - 浮山
      - 花桂
      - 花梅—五常—陳繩武—陳尚孝—孫文明
      - 楊露禪
        - 楊班侯—吳全佑
          - 楊禹庭
          - 吳鑒泉
        - 楊健侯
          - 楊少侯
          - 楊澄甫
            - 楊振鋒
            - 楊振基
            - 傅鍾文
          - 許禹生
        - 李瑞東
  - 蔣發（1594—1674）

〔注〕陳長興是老架（即現人稱的大架）代表，所傳後人甚多，故為陳長興也作一承傳表，以區分陳有本小架承傳表。

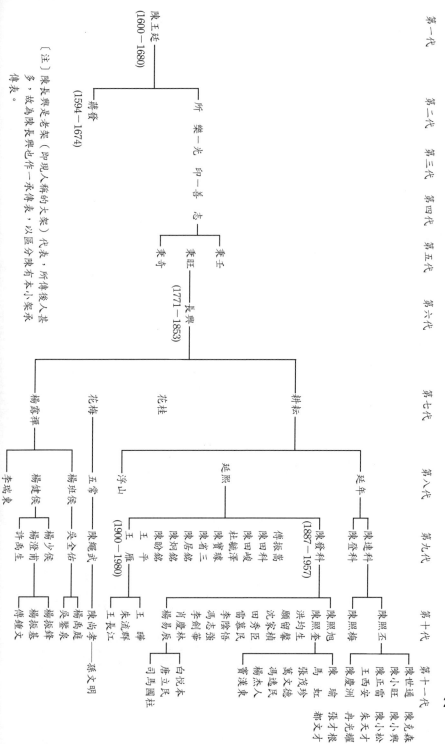

太極武術教學光碟

太極功夫扇
五十二式太極扇
演示：李德印 等
(2VCD)中國

夕陽美太極功夫扇
五十六式太極扇
演示：李德印 等
(2VCD)中國

陳氏太極拳及其技擊法
演示：馬虹(10VCD)中國
陳氏太極拳勁道釋秘
折拳講勁
演示：馬虹(8DVD)中國
推手技巧及功力訓練
演示：馬虹(4VCD)中國

陳氏太極拳新架一路
演示：陳正雷(1DVD)中國
陳氏太極拳新架二路
演示：陳正雷(1DVD)中國
陳氏太極拳老架一路
演示：陳正雷(1DVD)中國
陳氏太極拳老架二路
演示：陳正雷(1DVD)中國
陳氏太極推手
演示：陳正雷(1DVD)中國
陳氏太極單刀・雙刀
演示：陳正雷(1DVD)中國

郭林新氣功
(8DVD)中國

本公司還有其他武術光碟
歡迎來電詢問或至網站查詢
電話：02-28236031
網址：www.dah-jaan.com.tw

原版教學光碟

歡迎至本公司購買書籍

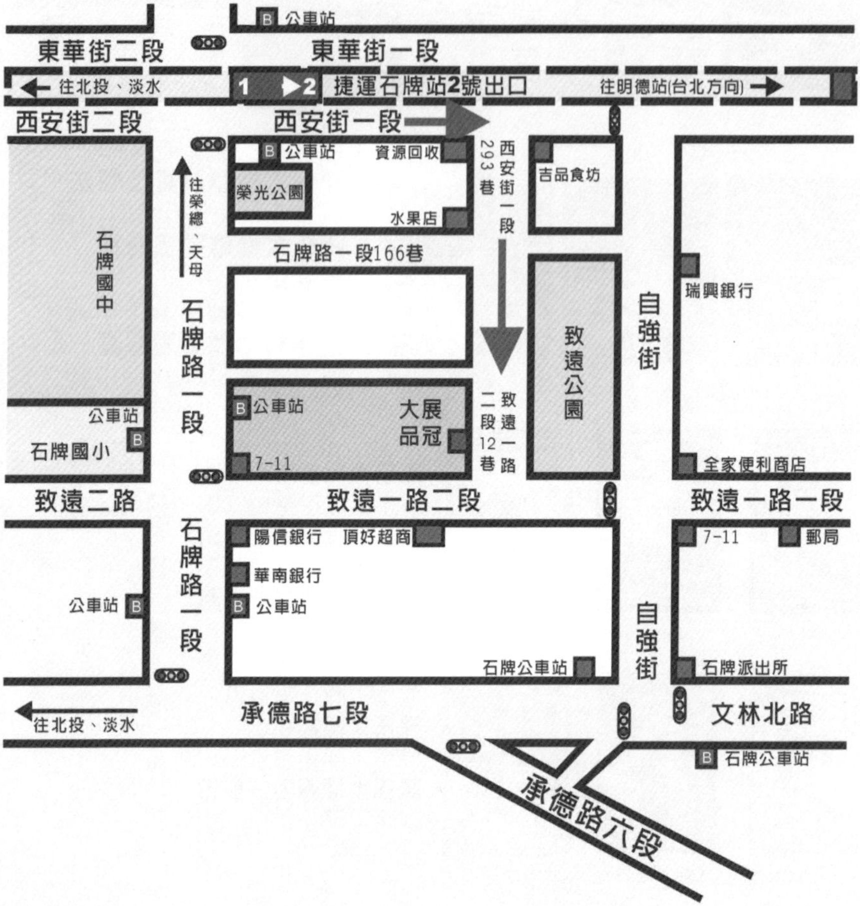

建議路線

1.搭乘捷運．公車

淡水線石牌站下車，由石牌捷運站２號出口出站(出站後靠右邊)，沿著捷運高架往台北方向走(往明德站方向)，其街名為西安街，約走100公尺(勿超過紅綠燈)，由西安街一段293巷進來(巷口有一公車站牌，站名為自強街口)，本公司位於致遠公園對面。搭公車者請於石牌站(石牌派出所)下車，走進自強街，遇致遠路口左轉，右手邊第一條巷子即為本社位置。

2.自行開車或騎車

由承德路接石牌路，看到陽信銀行右轉，此條即為致遠一路二段，在遇到自強街(紅綠燈)前的巷子(致遠公園)左轉，即可看到本公司招牌。

大展好書　好書大展
品嘗好書　冠群可期

大展好書　好書大展
品嘗好書　冠群可期